recett
toi e...

recettes pour toi et moi

Louise Blair

marabout

Publié pour la première fois en Grande-Bretagne
en 2009 sous le titre *200 meals for two*.

© 2009 Octopus Publishing Group Ltd.
© 2010 Hachette Livre (Marabout)
pour la traduction et l'adaptation françaises.

Crédits photos © Octopus Publishing Group Ltd.

Traduit de l'anglais par Catherine Vandevyvere.
Mise en pages : les PAOistes.

Pour l'éditeur, le principe est d'utiliser des papiers
composés de fibres naturelles, renouvelables,
recyclables et fabriquées à partir de bois issus
de forêts qui adoptent un système d'aménagement
durable. En outre, l'éditeur attend de ses fournisseurs
de papier qu'ils s'inscrivent dans une démarche
de certification environnementale reconnue.

ISBN : 978-2-501-06224-4
Dépôt légal : novembre 2010
40.2113.5 / 02

Imprimé en Espagne par Cayfosa Impresia Ibérica

sommaire

introduction

En général, les recettes de cuisine sont prévues pour quatre personnes minimum. Alors que faire quand on n'est que deux ? Bien sûr, certaines recettes sont faciles à adapter, mais comment procéder s'il n'y a qu'un œuf ou qu'une pincée d'épices ? De plus, faut-il ou non réduire les temps de cuisson ? Grâce à cet ouvrage, vous allez vous régaler sans avoir à faire de savants calculs. Rien ne vous empêchera ensuite de doubler ou de tripler les quantités en fonction du nombre de convives.

Avec un peu d'imagination et d'organisation, cuisiner pour deux devient un vrai plaisir. Ne vous compliquez pas la vie : choisissez des produits faciles à trouver et sélectionnez des recettes simples, rapides et, surtout, savoureuses.

Bien qu'un petit écart de temps en temps ne fasse pas de mal, voici quelques règles nutritionnelles élémentaires indispensables pour être en bonne santé :

• Consommez beaucoup de fruits et de légumes, au minimum 5 portions par jour. Essayez de commencer la journée avec un grand verre de jus de fruits et ajoutez dans vos céréales du matin un fruit frais coupé en morceaux.

• Faites la part belle aux féculents tels que le riz, le pain, les pâtes et les pommes de terre. Les glucides doivent constituer la plus grosse portion de vos repas, suivis des légumes et des protéines. Les sucres lents (les « bons sucres ») ont un effet rassasiant et évitent les fluctuations d'énergie au cours de la journée. Choisissez si possible des céréales complètes, plus riches d'un point de vue nutritionnel.

• Modérez votre consommation de graisses, de sel et de sucre. Lisez attentivement la liste des ingrédients qui composent les produits que vous achetez en magasin, même si c'est fastidieux. Quand vous cuisinez, salez et sucrez au minimum, enlevez un maximum de gras de la viande et remplacez les produits laitiers entiers par des produits allégés.

• Consommez tous les jours des aliments riches en protéines tels que de la viande, des œufs, des légumineuses ou du poisson. L'idéal est de manger au moins 2 portions de poisson ou de fruits de mer par

semaine, dont une de poisson gras, riche en acides gras essentiels oméga-3.

Manger sainement, c'est aussi cuisiner sainement, notamment pour réduire l'absorption de matières grasses et augmenter la valeur nutritive des aliments. Investissez éventuellement dans un cuiseur à vapeur. Cet appareil ménager vous permettra de cuire tous vos légumes, ainsi que certaines viandes et poissons. Lorsqu'on fait bouillir les légumes, une grande partie de leur contenu en vitamines se perd dans le liquide de cuisson, contrairement à la cuisson à la vapeur. Préférez également le gril à la friture. Badigeonnez la viande et le poisson très légèrement avec de l'huile avant de les griller.

préparer les menus

Prenez le temps de penser aux menus de la semaine. Évidemment, il ne faut pas être trop rigide : en cas d'imprévu, n'hésitez pas à changer votre programme et à mettre quelques produits au congélateur pour les utiliser ultérieurement.

Soyez astucieux : si vous prévoyez de faire un rôti le lundi, utilisez les restes le mardi, dans un sauté ou une salade. Un reste de brocoli peut servir à accommoder des pâtes plus tard dans la semaine (voir page 148).

Si la recette s'y prête, doublez les quantités puis congelez des portions individuelles que vous pourrez ressortir plus tard.

Utilisez votre four intelligemment : si vous y faites rôtir une viande, cuisez en même temps quelques pommes de terre ou un dessert. Vous économiserez ainsi du temps et de l'argent.

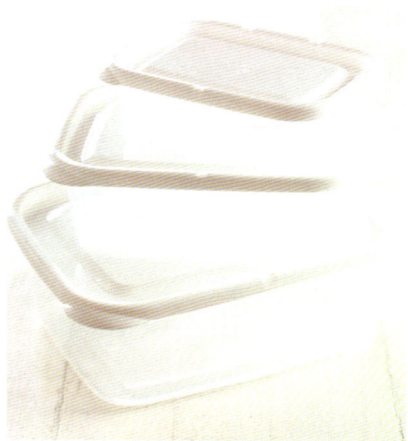

Prenez le temps de rédiger une liste de commissions pour toute la semaine. Conservez vos listes dans un classeur ou sur ordinateur. Ainsi, vous aurez vos listes toutes prêtes en fonction des menus prévus. Essayez de profiter des offres spéciales : un excédent de viande ou de poisson peut être divisé en portions que vous congèlerez. En faisant une liste de courses, vous éviterez en plus de tomber dans le piège classique qui consiste à acheter toutes sortes de choses dont vous n'avez pas vraiment besoin.

Choisissez vos recettes en fonction des produits de saison disponibles. Les fruits et légumes de saison sont non seulement moins chers mais aussi bien meilleurs. Soyez également à l'affût des produits locaux : vous aurez ainsi des denrées fraîches, savoureuses, et qui n'auront pas voyagé pendant des heures. Si vous avez la chance d'avoir près de chez vous un marché de producteurs locaux, courez-y et choisissez des produits frais et de qualité. Une bonne viande ou un poisson délicat n'ont nul besoin de fioritures si ce n'est que quelques légumes vapeur ou un peu de beurre aux fines herbes (voir page 156).

garde-manger : les indispensables

Voici quelques produits qu'il vaut mieux avoir en permanence dans le garde-manger :

• **Huile** Achetez une huile d'olive de qualité. Bonne pour la santé, elle vous permettra de préparer sauces, vinaigrettes et marinades. Prévoyez aussi un flacon d'huile végétale telle que de l'huile de tournesol.

• **Moutarde** Qu'elle soit douce ou forte, de Dijon ou à l'ancienne, la moutarde relèvera sauces et vinaigrettes, viandes froides et sandwichs.

• **Pâtes** Indispensables pour préparer rapidement un dîner, avec une sauce toute simple. Choisissez la forme des pâtes en fonction des recettes mais contentez-vous de deux ou de trois variétés pour ne pas vous retrouver avec trop de paquets aux trois quarts entamés.

• **Riz** À l'instar des pâtes, il existe de nombreuses variétés de riz. Ayez toujours en réserve du riz basmati et du riz pour risottos.

• **Tomates séchées** Excellentes dans les salades et avec les pâtes.

• **Coulis de tomates** Utilisez-le pour la sauce des pâtes, notamment la bolognaise. Pour ne pas gaspiller, notez la date d'ouverture sur tout bocal entamé.

• **Haricots en boîte** Contrairement aux haricots secs (blancs, rouges, borlotti, etc.), ceux en boîte n'ont pas besoin d'être trempés et cuits longuement. Ils enrichiront la texture et la saveur de vos salades, soupes et ragoûts végétariens. Essayez par exemple la Soupe de haricots au guacamole (page 64) ou la Salade italienne haricots artichauts (page 102).

• **Pignons de pin** Grillés, ils agrémenteront agréablement vos pâtes et vos salades.

• **Sauces asiatiques** Si vous êtes fana de plats orientaux en tout genre, prévoyez un assortiment de sauces asiatiques (sauces soja claire et foncée, nuoc-mâm).

• **Herbes et épices** Bien sûr, les herbes fraîches sont plus parfumées que les sèches, mais tout le monde n'a pas la chance d'avoir un jardin ou un rebord de fenêtre suffisamment grand pour en cultiver tout un assortiment. Ayez à votre disposition des sachets ou des petits bocaux de fines herbes séchées (thym, origan, marjolaine, etc.) et d'épices (piment en poudre, curry, cumin, coriandre, grains de poivre, etc.), mais ne les conservez pas trop longtemps car elles perdent leur parfum.

• **Pâte de curry** Vous l'utiliserez notamment pour parfumer un plat de légumes.

Mélangée à du lait de coco, elle vous donnera une délicieuse sauce pour accompagner le riz.

réfrigérateur : les indispensables

Votre liste hebdomadaire reprendra sûrement certains des produits suivants :

• **Fromage** Un gruyère de qualité vous permettra de préparer des en-cas rapides, des sandwichs ou des salades. Pensez également à la feta, excellente en salade ou avec des pâtes. Enfin, n'oubliez pas le parmesan, indispensable dans les pâtes ou le risotto, mais qui vous permettra aussi de préparer du pesto et toutes sortes de sauces.

• **Poitrine de porc** Taillez-la en lardons, faites-la revenir avec une pointe d'ail, mélangez-la à des pâtes, ajoutez un filet de crème fraîche, du parmesan, et vous obtiendrez un excellent spaghettis carbonara en un rien de temps.

• **Pâtes fraîches et sauces toutes prêtes** Très pratiques si vous n'avez vraiment pas le temps de cuisiner, et excellentes, surtout si vous pouvez les agrémenter d'un peu de parmesan frais râpé.

• **Œufs fermiers** Omelettes, tortillas et frittatas sont parfaites lorsqu'on n'est que deux. Rapides et faciles à préparer, elles sont le moyen idéal de finir un reste de légumes en fin de semaine.

le congélateur

Avant de glisser un sachet dans le congélateur, étiquetez-le correctement, sans oublier la date. Même au congélateur, les aliments ont une durée de consommation limitée.

Si vous avez le temps de cuisiner de grandes quantités, congelez des portions. Hachis parmentier, lasagnes, sauce bolognaise, chili con carne, ragoûts, purée de pommes de terre… tout cela supporte très bien la congélation. De plus, ces plats surgelés peuvent dépanner, notamment lorsque les placards sont vides ou que des amis débarquent à l'improviste.

Ayez toujours dans votre congélateur des fruits et des légumes. Des épinards, par exemple, pourront être rapidement dégelés et mélangés à des pâtes, de la crème, du parmesan et des pignons de pin grillés. Les fruits surgelés peuvent être coupés en morceaux puis mixés avec du jus de fruits et du yaourt pour donner un smoothie savoureux et nourrissant. La congélation permet aussi de bien profiter des fruits et légumes de saison. Les fruits rouges supportent particulièrement bien la congélation. Achetez-les ou cueillez-les en pleine saison puis placez-les au congélateur pour les déguster tout au long de l'hiver. Pour les congeler, étalez-les en une couche uniforme sur une grande plaque que vous glisserez ensuite dans le congélateur. Lorsqu'ils sont gelés, transvasez-les dans des sachets étiquetés. De cette manière, les fruits ne forment pas de paquets en gelant et vous pouvez prélever, ponctuellement, juste la quantité nécessaire.

recettes de base

Faites preuve d'organisation en préparant à l'avance du pesto et du bouillon maison.

pesto maison

Bien qu'on trouve du pesto tout fait au supermarché ou chez le traiteur, on peut en faire facilement soi-même. Dans un robot, mixez ensemble ½ gousse d'ail, 2 bonnes poignées de basilic frais, 1 poignée de pignons de pin grillés, 2 cuillerées à soupe de parmesan râpé et 6 cuillerées à soupe d'huile d'olive. Salez et poivrez. Vous pouvez conserver ce pesto 3 à 4 jours au réfrigérateur, dans un bocal bien fermé. Vous pourrez le déguster avec des pâtes ou l'étaler sur un morceau de ciabatta ou

de poule ou de bœuf avec des carcasses ou des os. Ajoutez quelques carottes en rondelles et des quartiers d'oignons dans l'eau de cuisson. Ajoutez également des grains de poivre, un bouquet garni, des feuilles de laurier et des fines herbes. Portez le mélange à ébullition et laissez frémir au moins 1 heure. Laissez refroidir puis filtrez. Faites des portions que vous congèlerez ensuite. Pour réaliser un bouillon de poule pas à pas, reportez-vous à la page 146.

Si vous n'avez ni le temps, ni le courage de préparer votre bouillon, vous trouverez en magasin du bouillon liquide tout à fait correct. Vous trouverez également, au rayon herbes et épices, des fonds prêts à l'emploi pour rehausser la saveur de vos plats de viande ou de poisson.

de pain grillé, recouvert de tranches de tomates et de mozzarella. Vous pouvez aussi le mélanger à de la mayonnaise (voir page 70) ou à de la crème fraîche, et le déguster avec des pommes de terre nouvelles ou du poulet grillé.

bouillon maison

Le bouillon constitue la base de nombreuses recettes et, bien que l'on puisse acheter des petits cubes ou des poudres à diluer dans de l'eau, il n'existe de bouillon plus parfumé que celui que l'on prépare soi-même. Vous trouverez une recette de bouillon de légumes page 94, mais vous pouvez aussi préparer du bouillon

brunchs

pain perdu aux myrtilles

Pour **2 personnes**
Préparation **5 minutes**
Cuisson **10 minutes**

2 **œufs** battus
100 ml de **crème liquide**
  ou de **lait**
¼ de c. à c. de **cannelle**
  en poudre
2 tranches de **brioche**
15 g de **beurre doux**

Compote de myrtilles
300 g de **myrtilles** fraîches
1 c. à s. de **sucre en poudre**

Préparez la compote de myrtilles. Faites cuire les myrtilles et le sucre à feu doux, pendant 4 à 5 minutes, jusqu'à ce que les myrtilles commencent à ramollir et à donner du jus. Mettez la compote de côté pendant que vous préparez le pain perdu.

Fouettez les œufs avec la crème liquide (ou le lait) et la cannelle dans une assiette creuse. Trempez les tranches de brioche dans ce mélange en les imbibant généreusement.

Faites chauffer le beurre dans une poêle antiadhésive. Faites-y rissoler les tranches de brioche à feu moyen, pendant 3 à 4 minutes. Tournez-les de temps en temps jusqu'à ce qu'elles soient dorées sur les deux faces. Servez ce pain perdu avec la compote de myrtilles.

Pour du pain perdu aux fruits rouges et au chocolat, préparez la compote avec 300 g de fruits rouges mélangés surgelés et 1 cuillerée à soupe de sucre. Remplacez les tranches de brioche par 2 pains au chocolat. Faites cuire comme ci-dessus.

omelette champignons pancetta

Pour **2 personnes**
Préparation **15 minutes**
Cuisson **10 à 12 minutes**

1 c. à s. d'**huile d'olive**
175 g de **champignons**
  sauvages ou de couche,
  coupés en morceaux
125 g de **pancetta**
  ou de **jambon fumé**
  coupé en petits morceaux
3 c. à s. de **crème fraîche**
4 c. à c. de **thym** ciselé
4 **œufs**, blancs
  et jaunes séparés
½ c. à c. de **moutarde**
  de Dijon
20 g de **beurre**
sel et **poivre**

Faites chauffer l'huile d'olive dans une grande poêle à frire. Faites-y dorer les champignons et la pancetta (ou le jambon fumé) pendant 5 minutes, en remuant souvent. Ajoutez la crème fraîche et le thym puis sortez le mélange de la poêle et maintenez-le au chaud.

Lavez et essuyez la poêle. Montez les blancs d'œufs en neige ferme.

Fouettez ensemble les jaunes d'œufs et la moutarde. Salez et poivrez. Incorporez ce mélange aux blancs d'œufs.

Faites chauffer le beurre dans la poêle. Faites-y cuire l'omelette 3 à 4 minutes à feu moyen jusqu'à ce que le dessous soit doré. Glissez ensuite la poêle sous le gril d'un four préchauffé en veillant à ce que le manche ne brûle pas. Faites dorer le dessus 2 à 3 minutes : l'omelette doit rester légèrement baveuse.

Versez la préparation aux champignons dans la poêle et pliez l'omelette en deux. Servez aussitôt avec une salade.

Pour une omelette aux fines herbes et à la ricotta,
montez 4 blancs d'œufs en neige souple. Incorporez-leur délicatement les jaunes d'œufs, 2 cuillerées à soupe de fines herbes et 50 g de ricotta. Salez et poivrez. Faites chauffer 25 g de beurre dans une poêle antiadhésive. Versez-y délicatement la préparation aux œufs et faites cuire 3 minutes jusqu'à ce que le dessous soit doré. Glissez la poêle sous le gril du four comme indiqué ci-dessus, et faites dorer 2 à 3 minutes.

muesli crémeux

Pour **2 personnes**
Préparation **5 minutes**
 + trempage

125 g de **flocons d'avoine**
1 c. à s. de **graines
 de potiron**
1 c. à s. de **graines
 de tournesol**
1 c. à s. de **graines
 de sésame**
75 g d'**abricots secs**
 coupés en deux
50 g de **canneberges
 séchées**
250 ml de **yaourt nature**

Pour servir
1 c. à s. d'**amandes** grillées,
 hachées grossièrement
2 c. à s. de **miel** liquide
lait (facultatif)

Mélangez les flocons d'avoine avec les graines de potiron, de tournesol et de sésame. Ajoutez les abricots secs, les canneberges et le yaourt. Placez au réfrigérateur jusqu'au lendemain.

Parsemez d'amandes grillées et arrosez d'un filet de miel et d'un peu de lait si vous le souhaitez.

Pour un muesli tropical, remplacez les canneberges par 50 g de chips de banane, 50 g de mangue séchée, 50 g d'ananas séché et 2 figues sèches coupées en petits morceaux. Remplacez le yaourt par du lait. Arrosez d'un filet de miel liquide.

champignons farcis aux haricots

Pour **2 personnes**
Préparation **10 minutes**
Cuisson **20 minutes**

4 gros **champignons
à farcir**
2 gousses d'**ail** hachées
finement
4 c. à s. de **fines herbes**
(thym, romarin, ciboulette
et persil, par exemple)
6 c. à s. d'**huile d'olive**
415 g de **haricots à la
sauce tomate** en boîte
quelques gouttes
de **vinaigre balsamique**
8 tranches fines d'**halloumi
poivre**

Pour servir
75 g de **roquette**
1 **poire** coupée en lamelles
25 g de **parmesan** râpé

Coupez le pied des champignons et posez
les chapeaux dans un plat à gratin, côté lamelles
vers le haut. Répartissez la moitié de l'ail et des fines
herbes sur les champignons. Poivrez. Arrosez avec
la moitié de l'huile d'olive. Faites rôtir 10 à 15 minutes
dans un four préchauffé à 200 °C jusqu'à ce que
les champignons soient cuits.

Mélangez les haricots avec quelques gouttes de
vinaigre balsamique et faites chauffer à feu doux. Versez
les haricots sur les champignons cuits puis répartissez
les tranches de fromage sur les haricots. Parsemez d'ail
et de fines herbes, et finissez avec un filet d'huile d'olive.
Glissez le plat sous le gril du four et faites cuire 2 à
3 minutes jusqu'à ce que le fromage soit bien doré.

Servez ces champignons farcis avec une salade
de roquette, poire et parmesan.

**Pour des pommes de terre aux haricots
et au fromage,** coupez 2 grosses pommes de terre
en 8 quartiers que vous ferez bouillir pendant 5 minutes.
Égouttez soigneusement puis posez les quartiers sur
une plaque de cuisson. Arrosez avec 1 cuillerée à soupe
d'huile d'olive et faites cuire 5 à 7 minutes sous le gril
du four jusqu'à ce que les pommes de terre soient
dorées et fondantes. Mélangez 415 g de haricots blancs
à la sauce tomate en boîte avec quelques gouttes
de vinaigre balsamique. Faites chauffer les haricots
puis versez-les sur les quartiers de pommes de terre.
Répartissez les tranches de fromage sur les haricots
puis faites dorer au four. Parsemez de 1 cuillerée
à soupe de persil ciselé puis servez.

ramequins au saumon fumé

Pour **2 personnes**
Préparation **5 minutes**
Cuisson **10 minutes**

5 g de **beurre doux**
125 g de **saumon fumé**
  ou de **truite fumée**
2 gros **œufs**
2 c. à s. de **crème fraîche**
1 c. à s. de **fines herbes**
  (cerfeuil et ciboulette,
  par exemple)
sel et **poivre**

Beurrez 2 ramequins d'une contenance de 150 ml. Coupez le saumon (ou la truite) en petits morceaux puis répartissez-le dans les ramequins. Cassez 1 œuf dans chaque ramequin.

Mélangez ensemble la crème fraîche et les fines herbes. Salez et poivrez. Versez ce mélange dans les ramequins que vous déposerez ensuite dans un moule. Versez de l'eau bouillante dans le moule jusqu'à mi-hauteur. Faites cuire environ 10 minutes dans un four préchauffé à 200 °C jusqu'à ce que la préparation soit juste prise. Servez éventuellement quelques triangles de pain grillé bien croustillant en accompagnement.

Pour une variante œufs-jambon, remplacez le saumon par 125 g de jambon sec (du jambon de Parme, par exemple) puis cassez les œufs dans les ramequins, comme ci-dessus. À part, mélangez 1 cuillerée à café de moutarde à l'ancienne, 1 cuillerée à soupe de ciboulette ciselée et 2 cuillerées à soupe de crème fraîche. Versez ce mélange dans les ramequins. Faites cuire comme ci-dessus jusqu'à ce que la préparation soit juste prise.

croque-monsieur

Pour **2 personnes**
Préparation **8 minutes**
Cuisson **5 minutes**

4 épaisses tranches de **pain de mie**
25 g de **beurre** fondu
25 g de **parmesan** râpé finement
2 épaisses tranches de **jambon cuit**
125 g d'**emmental** râpé grossièrement

À l'aide d'un pinceau, badigeonnez les tranches de pain de mie de beurre fondu sur une face. Parsemez de parmesan râpé.

Mettez 2 tranches de pain sur le plan de travail, côté parmesan vers le bas. Posez une tranche de jambon sur le pain puis parsemez d'emmental.

Recouvrez d'une autre tranche de pain, côté parmesan vers le haut. Faites griller 4 à 5 minutes dans un moule à croque-monsieur, en suivant les instructions du fabricant, jusqu'à ce que le pain soit doré et croustillant et que le fromage soit fondu. Servez bien chaud.

Pour préparer des croque-madame, faites cuire 2 œufs sur le plat et posez-les à cheval sur les croque-monsieur lorsqu'ils sont cuits.

œufs pochés à la sauce hollandaise

Pour **2 personnes**
Préparation **10 minutes**
Cuisson **5 minutes**

2 gros **œufs**
1 **muffin anglais** coupé
   en deux horizontalement
   puis grillé
un peu de **beurre**
4 tranches de **jambon**
   de Parme
sel et **poivre**

Sauce hollandaise
1 gros **jaune d'œuf**
1 c. à c. de **jus de citron**
1 c. à c. de **vinaigre**
   de vin blanc
50 g de **beurre**

Préparez la sauce hollandaise. Mettez le jaune d'œuf dans un robot. Salez et poivrez. Dans une petite casserole, faites chauffer le jus de citron et le vinaigre. Aux premiers bouillons, allumez le robot et versez le mélange citron-vinaigre en filet régulier. Faites fondre le beurre dans la casserole puis versez-le également dans le robot. Mixez jusqu'à obtention d'une sauce lisse.

Portez une grande quantité d'eau à ébullition. Réduisez le feu jusqu'à obtention d'un frémissement régulier. Cassez les œufs dans l'eau et laissez-les cuire 2 minutes. Sortez les œufs de l'eau à l'aide d'une écumoire.

Beurrez les tranches de muffin anglais. Répartissez le jambon et les œufs pochés sur les tranches. Finissez avec une bonne cuillerée de sauce hollandaise.

Pour une variante au saumon fumé et à l'estragon, remplacez le vinaigre de vin blanc par 1 cuillerée à café de vinaigre à l'estragon puis parfumez la sauce avec 1 cuillerée à soupe d'estragon ciselé. Pochez les œufs comme ci-dessus et remplacez le jambon par 50 g de saumon fumé.

omelette brie tomates séchées

Pour **2 personnes**
Préparation **5 minutes**
Cuisson **5 minutes**

4 gros **œufs** battus
15 g de **beurre**
50 g de **brie** coupé
  en tranches
25 g de **tomates séchées**
  marinées dans l'huile
1 **ciboule** émincée
sel et **poivre**

Fouettez les œufs dans un saladier. Salez et poivrez.

Faites chauffer le beurre dans une grande poêle à frire. Versez-y les œufs et faites cuire à feu doux en ramenant les bords vers le centre au fur et à mesure de la cuisson. Quand l'omelette est presque prise, retirez la poêle du feu et répartissez les ingrédients restants sur les œufs. Pliez l'omelette en deux et servez aussitôt.

Pour une omelette au haddock, à la ciboulette et à la crème fraîche, mélangez 100 g de haddock fumé, poché et émietté, avec 1 cuillerée à soupe de ciboulette ciselée et 1 cuillerée à soupe de crème fraîche. Poivrez généreusement. Faites cuire l'omelette comme ci-dessus, puis versez la préparation au haddock sur les œufs. Pliez l'omelette en deux et servez aussitôt.

sandwichs à la ricotta et à la poire

Pour **2 personnes**
Préparation **3 minutes**
Cuisson **1 à 2 minutes**

125 g de **ricotta**
4 épaisses tranches
   de **brioche pur beurre**
1 petite **poire** coupée
   en lamelles
50 ml de **miel** liquide
   + un filet pour servir

Étalez la ricotta en couche épaisse sur 2 tranches de brioche. Disposez les lamelles de poire en éventail sur la ricotta. Arrosez de miel et recouvrez le tout avec les 2 autres tranches de brioche.

Faites griller 1 à 2 minutes dans un moule à croque-monsieur, en suivant les instructions du fabricant, jusqu'à ce que la brioche soit croustillante et dorée. Coupez chaque sandwich en deux en diagonale, puis arrosez avec un filet de miel et servez aussitôt.

Pour des sandwichs à la figue et au mascarpone, fouettez 2 cuillerées à soupe de mascarpone avec 2 cuillerées à café de miel liquide et 1 pincée de cannelle en poudre. Faites griller légèrement 4 épaisses tranches de brioche pur beurre sur une seule face. Étalez le mascarpone sur la face non grillée. Coupez une figue fraîche en tranches fines que vous disposerez sur le mascarpone. Saupoudrez de 1 cuillerée à café de cassonade et faites dorer environ 1 minute sous le gril d'un four préchauffé. Servez aussitôt.

omelette au haddock

Pour **2 personnes**
Préparation **15 minutes**
Cuisson **10 minutes**

150 g de **haddock fumé**
300 ml de **fumet de poisson**
2 c. à s. de **parmesan** râpé
6 œufs
2 c. à s. d'**eau froide**
25 g de **beurre**
2 c. à s. de **crème
   fraîche épaisse**
sel et **poivre**

Pochez le haddock dans le fumet de poisson 7 à 8 minutes jusqu'à ce qu'il soit juste tendre. Laissez refroidir puis retirez la peau et les arêtes.

Émiettez la chair du poisson puis mélangez-la avec le parmesan. Salez et poivrez. Cassez les œufs dans un saladier et fouettez-les avec 2 cuillerées à soupe d'eau froide.

Faites fondre le beurre dans une grande poêle. Versez-y les œufs. Quand l'omelette commence à prendre, ajoutez le poisson et le parmesan. Quand elle est encore baveuse, ajoutez la crème fraîche puis glissez la poêle sous le gril d'un four préchauffé pendant quelques minutes jusqu'à ce que le dessus soit bien doré. Faites glisser l'omelette sur une assiette chaude et servez aussitôt.

Pour une omelette à la poitrine de porc et au poireau, préparez l'omelette comme ci-dessus. Dans une poêle, faites fondre 15 g de beurre puis faites-y cuire 1 poireau émincé. Faites griller 4 fines tranches de poitrine de porc puis coupez-les en petits morceaux. Répartissez la fondue de poireau sur les œufs ainsi que la poitrine de porc et 25 g de gruyère râpé. Pliez l'omelette en deux et servez.

pancakes aux fruits secs

Pour **2 personnes**
Préparation **5 minutes**
Cuisson **5 minutes**

50 g de **farine ordinaire**
½ c. à c. de **levure**
1 c. à s. de **sucre
   en poudre**
25 g de **fruits secs**
   (des canneberges,
   par exemple)
1 **œuf** battu
50 ml de **lait**
15 g de **beurre doux**

Tamisez ensemble la farine et la levure. Ajoutez le sucre et les fruits secs, puis l'œuf et le lait, et fouettez jusqu'à obtention d'une pâte lisse.

Faites fondre le beurre dans une poêle à frire. Déposez des cuillerées de pâte dans la poêle et faites cuire environ 1 minute jusqu'à ce que le dessous des pancakes soit légèrement doré (vous devez avoir assez de pâte pour 6 pancakes). Quand le dessus des crêpes se couvre de bulles, retournez-les et faites-les dorer encore quelques instants.

Servez aussitôt, avec du miel liquide si vous le souhaitez.

Pour des pancakes au bleu, remplacez le sucre et les fruits secs par 40 g de bleu émietté et 2 ciboules émincées. Préparez la pâte et faites cuire les petites crêpes comme ci-dessus. Servez ces crêpes au fromage avec du beurre.

muesli aux canneberges

Pour **2 personnes**
Préparation **10 minutes**
Cuisson **4 à 6 heures**

75 g de **flocons d'avoine**
25 g de **canneberges
séchées**
½ c. à s. d'**huile de tournesol**
1 c. à s. de **miel** liquide
lait écrémé ou **yaourt
nature maigre**, pour servir

Mettez les flocons d'avoine, les canneberges, l'huile et le miel dans un saladier chaud. Remuez jusqu'à ce que les flocons soient bien enduits d'huile et de miel.

Retournez le saladier au-dessus d'une plaque de cuisson antiadhésive, en veillant à ce que les flocons ne forment pas de gros paquets. Glissez la plaque dans le bas d'un four chaud et faites cuire 4 à 6 heures à 110 °C, en remuant de temps en temps pour éviter que les flocons d'avoine ne collent ou ne brûlent.

Quand les flocons d'avoine sont croustillants, sortez la plaque du four et laissez refroidir. Servez ce muesli avec du lait écrémé ou du yaourt maigre. Conservez-le dans un récipient hermétique. Ce muesli peut se conserver plusieurs jours à l'abri de l'humidité.

Pour un muesli à l'abricot et aux graines, mélangez 25 g d'abricots secs hachés avec les flocons d'avoine, l'huile de tournesol et le miel. Ajoutez 1 cuillerée à soupe de graines de potiron, 1 cuillerée à soupe de graines de tournesol et 1 cuillerée à soupe de graines de sésame. Faites cuire comme ci-dessus.

muffins à la banane et aux amandes

Pour **12 petits muffins**
Préparation **10 minutes**
Cuisson **20 minutes**

75 g de **beurre** fondu
2 c. à s. de **miel** liquide
1 **œuf** battu
150 ml de **lait entier**
1 grosse **banane**
  coupée en morceaux
175 g de **farine**
  à levure incorporée
75 g de **flocons d'avoine**
1 c. à c. de **levure**
25 g de **poudre d'amandes**
25 g d'**amandes** effilées

Dans un récipient, mélangez ensemble le beurre, le miel, l'œuf et le lait. Dans un grand saladier, mettez les morceaux de banane, la farine, les flocons d'avoine, la levure, la poudre d'amandes et les amandes effilées. Versez la préparation au miel dans le saladier et remuez rapidement jusqu'à obtention d'un mélange grumeleux (c'est ce qui donnera leur légèreté aux muffins).

Garnissez de caissettes en papier les 12 alvéoles d'un moule à petits muffins. Répartissez la pâte dans les caissettes. Faites cuire environ 20 minutes dans un four préchauffé à 200 °C jusqu'à ce que le dessus soit doré. Servez ces petits muffins avec du beurre et du miel. Ces muffins se conservent jusqu'à 3 jours dans un récipient hermétique. Ils supportent également bien la congélation.

Pour des muffins à la poire, aux abricots et aux amandes, remplacez la banane par 1 poire pelée et émincée et 2 abricots frais coupés en morceaux (ou 4 abricots secs). Mélangez les fruits avec la farine, les flocons d'avoine, la levure et les amandes. Ajoutez ensuite la préparation au miel ainsi que quelques gouttes d'extrait d'amande. Faites cuire comme ci-dessus.

toasts aux champignons farcis

Pour **2 personnes**
Préparation **5 minutes**
Cuisson **10 à 12 minutes**

1 c. à s. d'**huile d'olive**
4 gros **champignons**
150 g de **poitrine fumée**
  taillée en lardons
50 g de **chorizo** émincé
15 g de **beurre**
1 gousse d'**ail** pilée (facultatif)
1 c. à s. de **persil** ciselé

Faites chauffer l'huile d'olive dans une grande poêle à frire. Faites-y revenir les champignons 2 à 3 minutes, en les retournant une fois en cours de cuisson.

Disposez les champignons dans un plat à gratin, côté lamelles vers le haut (n'ôtez pas les pieds). Faites dorer les lardons et le chorizo avec le beurre et l'ail si vous en utilisez. Ajoutez le persil.

Répartissez le mélange aux lardons sur les champignons et faites cuire 10 à 12 minutes dans un four préchauffé à 200 °C. Lorsqu'ils sont cuits, servez ces champignons sur d'épaisses tranches de pain complet ou de pain aux céréales, préalablement grillé.

Pour une variante aux épinards, supprimez la poitrine fumée et le chorizo. Faites chauffer le beurre puis faites-y fondre ½ petit oignon et 1 gousse d'ail pendant 2 à 3 minutes. Ajoutez ensuite 3 grosses poignées de pousses d'épinards ainsi qu'une bonne pincée de noix de muscade. Faites revenir rapidement jusqu'à ce que les épinards commencent à ramollir. Farcissez les champignons avec ce mélange, parsemez de parmesan râpé et faites cuire comme ci-dessus.

verrines aux fruits rouges

Pour **2 personnes**
Préparation **15 minutes**
  + réfrigération

150 ml de **yaourt grec**
1 c. à s. de **miel** liquide
175 g de **framboises**
15 g de **flocons d'avoine**

Dans un saladier, mélangez le yaourt et le miel.

Répartissez un tiers des framboises dans 2 verres. Versez la moitié du yaourt au miel sur les framboises. Parsemez d'un peu de flocons d'avoine et de quelques framboises.

Continuez d'alterner les couches en finissant par une pincée de flocons d'avoine et quelques framboises. Placez 30 minutes au réfrigérateur avant de servir.

Pour des verrines à la mangue, réduisez en purée la chair d'une grosse mangue bien mûre. Procédez comme ci-dessus, en remplaçant les framboises par de la purée de mangue.

kedgeree

Pour **2 personnes**
Préparation **10 minutes**
Cuisson **20 minutes**

200 g de **haddock fumé**
200 ml de **lait**
1 feuille de **laurier**
2 c. à c. d'**huile végétale**
1 petit **oignon** haché
125 g de **riz basmati**
½ c. à c. de **curry**
  en poudre
2 **œufs durs** coupés
  en morceaux
1 c. à s. de **persil** ciselé

Mettez le haddock dans une petite casserole avec le lait et la feuille de laurier. Faites pocher 3 minutes puis sortez le poisson de la casserole, en réservant le lait. Émiettez le haddock et réservez-le.

Faites chauffer l'huile dans une poêle à frire de taille moyenne. Faites-y revenir l'oignon 3 minutes. Ajoutez le riz et le curry puis poursuivez la cuisson 1 minute.

Complétez le lait avec de l'eau, jusqu'à 250 ml, et versez ce mélange sur le riz. Couvrez et faites cuire 12 minutes jusqu'à ce que le riz soit tendre. Ajoutez les œufs, le persil et le haddock émietté. Mélangez et servez.

Pour une variante aux maquereaux et aux petits pois, remplacez le haddock par 200 g de filets de maquereaux fumés et utilisez 250 ml d'eau pour cuire le riz. Ajoutez 100 g de petits pois surgelés au riz 3 minutes avant la fin de la cuisson.

bagels au saumon et au fromage frais

Pour **2 personnes**
Préparation **14 minutes**
Cuisson **15 minutes**

2 **bagels aux graines
de pavot et de sésame**,
coupés en deux
horizontalement
125 g de **fromage frais**
175 g de **gravlax**
coupé en tranches fines
(saumon mariné, spécialité
scandinave) ou de **saumon
fumé**
2 c. à s. de **ciboulette** ciselée
poivre
sauce hollandaise chaude
(voir page 28)

Faites griller la face coupée des petits pains pendant
2 à 3 minutes, sans fermer le moule à croque-monsieur.

Tartinez la base des bagels de fromage frais.
Répartissez le gravlax sur le fromage frais. Parsemez
de ciboulette puis poivrez.

Refermez les bagels et remettez-les dans le moule
à croque-monsieur. Fermez le moule et faites griller 2 à
3 minutes en suivant les instructions du fabricant jusqu'à
ce que les petits pains soient dorés et croustillants.
Poivrez et servez avec de la sauce hollandaise.

Pour des bagels au bœuf et aux cornichons,
coupez 2 bagels en deux horizontalement et faites-les
griller sur les deux faces. Répartissez 50 g de tranches
de rosbif cuit et 2 cornichons coupés en lamelles sur
2 moitiés de bagels. Mélangez ensemble 1 cuillerée
à soupe de crème fraîche allégée et 1 cuillerée à café
de moutarde de Dijon. Versez cette sauce sur le rosbif
et les cornichons. Finissez par quelques feuilles
de cresson puis refermez les petits pains.

muffins aux framboises

Pour **6 gros muffins**
Préparation **5 minutes**
Cuisson **15 à 20 minutes**

200 g de **farine ordinaire**
75 g de **sucre en poudre**
2 c. à s. de **poudre
  d'amandes**
2 c. à c. de **levure**
le **zeste** râpé de 1 **citron**
150 ml de **babeurre**
1 **œuf** battu
50 g de **beurre** fondu
150 g de **framboises**
  fraîches ou surgelées

Dans un grand saladier, mélangez ensemble la farine, le sucre, la poudre d'amandes, la levure et le zeste de citron. Mélangez les ingrédients restants dans un autre récipient. Ajoutez le mélange au babeurre aux ingrédients secs et remuez jusqu'à obtention d'un mélange légèrement grumeleux.

Garnissez de caissettes en papier les 6 alvéoles d'un moule à gros muffins. Répartissez la pâte dans les caissettes. Faites cuire 15 à 20 minutes dans un four préchauffé à 180 °C jusqu'à ce que les muffins aient bien gonflé et doré. Ces muffins peuvent être congelés ou conservés quelques jours dans un récipient hermétique.

Pour des muffins au cassis, préparez la pâte comme ci-dessus, en remplaçant les framboises par 150 g de cassis. Versez la pâte dans 6 caissettes en papier. Parsemez la pâte de 1 cuillerée à soupe de noisettes concassées et de 1 cuillerée à soupe de cassonade. Faites cuire comme indiqué ci-dessus.

barres aux céréales et aux fruits secs

Pour **8 barres**
Préparation **10 minutes**
Cuisson **15 minutes**

100 g de **beurre** + 1 noisette
  pour beurrer le moule
4 c. à s. de **sirop d'érable**
2 c. à s. de **sucre roux**
150 g de **gros flocons
  d'avoine**
100 g de **petits flocons
  d'avoine**
50 g de **fruits à coques**
  (noix, noisettes, amandes
  concassées)
150 g de **fruits secs** (figues,
  dattes, canneberges et
  abricots, séchés et hachés)
2 c. à s. de **graines
  de tournesol**

Beurrez légèrement un moule antiadhésif carré de 20 cm de côté. Posez un morceau de papier sulfurisé dans le fond. Dans une casserole, faites chauffer le beurre, le sirop d'érable et le sucre. Incorporez les autres ingrédients, à l'exception des graines de tournesol. Pressez le mélange dans le moule.

Parsemez de graines de tournesol puis faites cuire 15 minutes dans un four préchauffé à 200 °C jusqu'à ce que le dessus soit doré. Coupez le gâteau en 8 barres que vous laisserez refroidir. Ces barres se conservent jusqu'à une semaine dans un récipient hermétique.

Pour confectionner des flapjacks express, faites fondre 175 g de beurre doux avec 175 g de sucre roux. Hors du feu, incorporez 250 g de flocons d'avoine. Pressez cette pâte dans un moule carré de 20 cm de côté, préalablement beurré et tapissé de papier sulfurisé. Faites cuire 15 minutes dans un four préchauffé à 180 °C. Coupez le gâteau en 12 barres et laissez refroidir.

lait vanillé

Pour **2 personnes**
Préparation **5 minutes**
  + repos
Cuisson **2 minutes**

300 ml de **lait**
125 g de **chocolat blanc**
  haché
½ c. à c. d'**extrait**
  de vanille
1 pincée de **cacao amer**
  pour décorer
1 **gousse de vanille**
  pour décorer (facultatif)

Faites chauffer le lait dans une casserole. Aux premiers frémissements, retirez la casserole du feu et ajoutez le chocolat. Laissez reposer 2 à 3 minutes, en remuant souvent, jusqu'à ce que le chocolat soit fondu.

Ajoutez l'extrait de vanille. Fouettez le mélange à l'aide d'un fouet ou d'un batteur électrique jusqu'à ce que le lait soit bien lisse et recouvert d'une épaisse couche de mousse.

Répartissez la préparation dans 2 tasses, saupoudrez de cacao amer et servez. Décorez éventuellement d'une gousse de vanille.

Pour du lait au chocolat noir et à la menthe, faites chauffer 300 ml de lait puis ajoutez 125 g de chocolat noir haché. Laissez reposer, en remuant souvent, jusqu'à ce que le chocolat soit fondu. Ajoutez quelques gouttes d'extrait de menthe (environ ½ cuillerée à café) et fouettez comme ci-dessus.

repas légers

rouleaux vietnamiens au crabe

Pour **2 personnes**
Préparation **10 minutes**

340 g de **crabe** en boîte,
   égoutté, ou de chair
   de crabe frais
1 **piment rouge** épépiné
   et haché finement
1 poignée de **coriandre**
   fraîche ciselée
1 c. à s. de **menthe** ciselée
le **zeste** râpé et le **jus**
   de 1 **citron vert**
1 cm de **gingembre** frais,
   râpé finement
4 feuilles de **laitue iceberg**
   coupées en deux

Sauce pimentée
1 c. à c. de **sucre roux**
1 c. à s. de **vinaigre de riz**
le **jus** de ½ **citron vert**
1 c. à c. de **sauce soja**
1 **piment rouge** haché
   finement
1 **ciboule** émincée

Dans un saladier, mélangez le crabe avec le piment, la coriandre, la menthe, le zeste et le jus de citron vert ainsi que le gingembre.

Répartissez le mélange sur les feuilles de laitue. Enroulez et réservez.

Préparez la sauce pimentée. Dans un bol, mélangez ensemble le sucre, le vinaigre, le jus de citron et la sauce soja jusqu'à ce que le sucre soit dissous. Ajoutez le piment et la ciboule.

Disposez les rouleaux sur les assiettes et servez la sauce à part.

Pour des rouleaux au crabe et aux nouilles, faites cuire 100 g de nouilles de riz dans de l'eau bouillante en suivant les instructions du paquet. Laissez refroidir puis ajoutez-leur le crabe, la coriandre, la menthe, le zeste et le jus de citron, ainsi que le gingembre, comme ci-dessus. Emballez cette préparation dans les feuilles de laitue. Préparez la sauce pimentée et servez-la en accompagnement.

petits sandwichs asperges fontina

Pour **2 personnes**
Préparation **5 minutes**
Cuisson **3 à 4 minutes**

125 g d'**asperges vertes**
   parées
4 fines tranches de **jambon**
   de la Forêt-Noire
75 g de **fontina** râpé
1 petite poignée de **roquette**
2 **tomates** bien mûres,
   coupées en tranches
4 tranches de **pain au levain**
2 c. à s. d'**huile d'olive**
2 c. à c. de **vinaigre**
   balsamique

Faites cuire les asperges à la vapeur pendant 3 à 4 minutes. Elles doivent rester croquantes. Laissez refroidir.

Disposez le jambon, le fromage râpé, la roquette, les asperges et les tomates sur 2 tranches de pain. Arrosez d'huile d'olive et de vinaigre. Posez les 2 autres tranches de pain dessus.

Faites griller les sandwichs dans un moule à croque-monsieur pendant environ 3 à 4 minutes, en suivant les instructions du fabricant, jusqu'à ce que le pain soit doré et le fromage fondu. Servez aussitôt.

Pour des sandwichs au saumon et au fromage frais, étalez 25 g de fromage frais sur 2 tranches de pain au levain. Disposez ensuite 40 g de saumon fumé sur le fromage, arrosez avec un filet de jus de citron et poivrez généreusement. Posez 2 autres tranches de pain dessus et faites griller dans un moule à croque-monsieur, comme ci-dessus.

rillettes de truite et biscuits au sésame

Pour **2 personnes**
Préparation **15 minutes**
 + réfrigération
Cuisson **10 minutes**

Biscuits au sésame
100 g de **farine ordinaire**
50 g de **beurre**
2 c. à s. de **parmesan** râpé
1 **jaune d'œuf** battu
1 c. à s. de **graines
 de sésame**

Rillettes de truite
125 g de **filets de truite
 fumée**
1 c. à s. de **câpres** égouttées
2 c. à s. de **crème fraîche**
1 c. à c. de **sauce au raifort**
1 c. à c. d'**aneth** ciselé

Travaillez la farine et le beurre du bout des doigts, dans un saladier, jusqu'à obtention d'un mélange grumeleux. Ajoutez le parmesan et suffisamment de jaune d'œuf pour que la pâte forme une boule.

Abaissez la pâte au rouleau sur un plan de travail légèrement fariné puis badigeonnez-la avec le reste de jaune d'œuf. Parsemez de graines de sésame. Coupez la pâte en une vingtaine de morceaux à l'aide d'un emporte-pièce. Posez les morceaux de pâte sur une plaque antiadhésive et faites cuire environ 10 minutes dans un four préchauffé à 200 °C. Laissez refroidir sur une grille.

Mettez les filets de truite, les câpres, la crème fraîche, la sauce au raifort et l'aneth dans un robot. Hachez les ingrédients pendant 10 secondes : le mélange ne doit pas être lisse. Placez environ 30 minutes au réfrigérateur. Servez ces rillettes avec les biscuits au sésame. Les biscuits peuvent se conserver plusieurs jours dans une boîte en fer hermétique.

Pour des rillettes de poivron grillé, placez 1 gros poivron rouge sous le gril du four jusqu'à ce que la peau noircisse. Mettez le poivron dans un bol que vous recouvrirez de film alimentaire. Laissez refroidir puis ôtez la peau et hachez la chair. Fouettez le poivron avec 100 g de fromage frais et 1 cuillerée à soupe de pesto. Versez la préparation dans un bol et placez 30 minutes au réfrigérateur. Servez des biscuits au sésame en accompagnement.

soupe de haricots au guacamole

Pour **2 personnes**
Préparation **10 minutes**
Cuisson **15 minutes**

1 c. à c. d'**huile d'olive**
1 **oignon** haché
1 gousse d'**ail** pilée
1 **piment rouge** épépiné
  et haché
400 g de mélange
  de **haricots** en boîte,
  rincés et égouttés
220 g de **tomates**
  concassées en boîte
300 ml de **bouillon**
  de légumes (voir page 94)
sel et **poivre**

Guacamole
1 **avocat** pelé et dénoyauté
2 **ciboules** émincées
2 **tomates** hachées
1 c. à s. de feuilles
  de **coriandre** ciselées
le **jus** de ½ **citron vert**

Préparez le guacamole. Hachez grossièrement
la chair de l'avocat puis réduisez-la en purée
avec les ciboules, les tomates, la coriandre et le jus
de citron vert. Réservez.

Faites chauffer l'huile d'olive dans une cocotte.
Faites-y fondre l'oignon et l'ail avec le piment 2 à
3 minutes. Ajoutez les haricots, les tomates et le
bouillon de légumes. Portez à ébullition et laissez
frémir 10 minutes.

Transvasez les trois quarts de la soupe dans un robot
et mixez jusqu'à obtention d'un mélange relativement
lisse. Reversez la soupe dans la cocotte et mélangez.
Salez et poivrez. Réchauffez l'ensemble.

Servez cette soupe avec le guacamole et des tortillas
chips.

Pour une soupe de haricots à la poitrine fumée,

faites revenir 50 g de poitrine fumée taillée en lardons
avec l'oignon, l'ail et le piment pendant 2 à 3 minutes.
Procédez ensuite comme ci-dessus. Déposez
une cuillerée de crème fraîche sur la soupe
et servez avec le guacamole.

salade croquante façon thaïe

Pour **2 personnes**
Préparation **10 minutes**

2 **carottes**
1 **courgette**
½ petit **chou rouge** émincé
1 **poivron jaune** épépiné
et taillé en fines lanières
4 **ciboules** émincées
2 c. à s. de feuilles
de **coriandre** ciselées
150 g de **nouilles de riz**

Sauce
1 **piment rouge** épépiné
et haché
4 c. à s. de **nuoc-mâm**
le **zeste** râpé et le **jus**
de 1 **citron vert**
2 c. à s. de **sucre**
en poudre

À l'aide d'un épluche-légumes, taillez les carottes et la courgette en rubans minces. Dans un saladier, mélangez les rubans de carottes et de courgette avec le chou rouge, le poivron, les ciboules et la coriandre.

Faites cuire les nouilles dans de l'eau bouillante en suivant les instructions du paquet. Égouttez-les et laissez-les refroidir.

Préparez la sauce. Dans un petit bol, fouettez ensemble le piment, le nuoc-mâm, le zeste et le jus de citron vert ainsi que le sucre.

Mélangez les nouilles et les légumes. Arrosez de sauce puis servez.

Pour une salade coleslaw, mélangez ensemble les rubans de carottes et de courgette, le chou, le poivron et les ciboules comme ci-dessus. Dans un bol à part, fouettez ensemble 1 cuillerée à soupe de crème fraîche, 1 cuillerée à soupe de mayonnaise, 1 cuillerée à café de moutarde et quelques gouttes de jus de citron. Versez cette sauce sur les légumes et mélangez. Parsemez de 25 g de graines de coriandre puis servez.

rouleaux à l'agneau

Pour **2 personnes**
Préparation **5 minutes**
Cuisson **8 à 10 minutes**

1 c. à c. d'**huile d'olive**
1 gousse d'**ail** hachée
  finement
1 petit **oignon** haché
  finement
125 g de **tranches de gigot**
  d'agneau, coupées
  en fines lanières
50 g de **champignons**
  de Paris hachés finement
½ petit **poivron rouge**
  épépiné et coupé
  en morceaux
1 c. à s. de **persil** ciselé
1 c. à s. de **menthe** ciselée
50 g de **riz basmati cuit**
2 c. à s. de **jus de citron**
2 c. à s. de **yaourt grec**
1 c. à s. de **sauce**
  à la menthe
4 **tortillas** à la farine de blé
5 cm de **concombre** coupé
  en petits morceaux
roquette

Préparez la garniture. Faites chauffer l'huile d'olive dans un wok ou dans une poêle antiadhésive. Faites-y revenir l'ail, l'oignon et l'agneau pendant 3 à 4 minutes. Quand l'agneau est doré, ajoutez les champignons et le poivron, et poursuivez la cuisson 2 à 3 minutes. Ajoutez le persil et la menthe, le riz et le jus de citron. Faites chauffer encore 1 ou 2 minutes.

Dans un bol, mélangez le yaourt et la sauce à la menthe.

Posez les tortillas sur un plan de travail bien propre. Étalez une cuillerée de yaourt à la menthe sur les tortillas. Poursuivez avec une grosse cuillerée à soupe de garniture et quelques morceaux de concombre.

Enroulez et servez aussitôt avec de la roquette.

Pour des rouleaux au poulet, remplacez l'agneau par 250 g de blanc de poulet coupé en petits morceaux. Faites cuire l'ail et l'oignon comme ci-dessus. Ajoutez le poulet et faites sauter jusqu'à ce qu'il soit cuit. Ajoutez les légumes et les ingrédients restants. Préparez les tortillas comme ci-dessus et servez avec de la mayonnaise ou une salsa verde (voir page 100).

crevettes et mayonnaise au cresson

Pour **2 personnes**
Préparation **15 minutes**

3 c. à s. de **mayonnaise**
1 grosse poignée de **cresson**
  + quelques feuilles
  pour décorer
2 **cornichons** hachés
  grossièrement
le **zeste** râpé et le **jus**
  de ½ **citron**
250 g de grosses
  crevettes cuites
sel et **poivre**

Mettez la mayonnaise, le cresson, les cornichons, le zeste et le jus de citron dans un robot. Hachez jusqu'à obtention d'un mélange relativement lisse. Salez et poivrez.

Tournez les crevettes dans ce mélange pour bien les enduire. Décorez avec quelques brins de cresson et servez avec du pain frais croustillant.

Pour une variante au poulet et au pesto, mélangez 1 cuillerée à soupe de pesto et 2 cuillerées à soupe de mayonnaise. Versez cette sauce sur 2 blancs de poulets cuits, coupés en morceaux puis mélangez. Servez des pitas en accompagnement.

salade aux noix et à la poire

Pour 2 personnes
Préparation **10 minutes**

1 c. à s. d'**huile d'olive**
200 g de **ciabatta** déchirée
  en morceaux de la taille
  d'une bouchée
1 **romaine** parée
1 grosse **poire** bien mûre,
  coupée en lamelles
25 g de **noix** grillées,
  hachées grossièrement

Sauce
3 c. à s. de **crème fraîche**
50 g de **bleu** émietté
1 **anchois** égoutté et haché
2 c. à s. d'**eau**
poivre

Versez l'huile d'olive en filet sur les morceaux
de ciabatta. Faites griller sous le gril d'un four bien
chaud jusqu'à ce que les morceaux soient bien dorés.
Mélangez les croûtons avec la salade, les lamelles
de poire et les noix.

Préparez la sauce. Dans un petit bol, mélangez
ensemble la crème fraîche, le bleu, l'anchois et l'eau.
Poivrez généreusement.

Versez la sauce sur la salade et servez.

Pour une salade au poulet et à la pancetta, préparez
tous les ingrédients de la salade ci-dessus, à l'exception
de la poire. Faites chauffer 1 cuillerée à café d'huile d'olive
dans une poêle à frire. Faites-y revenir un blanc de poulet
coupé en tranches fines pendant 3 à 4 minutes. Réservez.
Mettez 4 tranches de pancetta dans la poêle et faites
cuire environ 1 minute jusqu'à ce qu'elles soient bien
croustillantes. Mélangez le poulet et la salade. Posez
la pancetta grillée dessus et servez.

salade de riz sauvage aux cacahuètes

Pour **2 personnes**
Préparation **5 minutes**
Cuisson **30 minutes**

125 g de **riz basmati**
25 g de **riz sauvage**
1 botte de **ciboules** émincées
125 g de **raisins secs**
125 g de **cacahuètes**
  grillées
4 c. à s. de **vinaigre**
  balsamique
1 c. à s. d'**huile**
  de tournesol
salade verte

Faites cuire les 2 variétés de riz en suivant les instructions du paquet. Rincez sous l'eau froide et égouttez soigneusement.

Dans un grand saladier, mélangez les 2 variétés de riz avec les ciboules, les raisins secs et les cacahuètes.

Versez le vinaigre et l'huile dans un petit bol. Fouettez puis versez ce mélange dans le saladier. Servez ce plat avec une salade verte.

Pour une salade de riz sauvage à la truite, faites cuire les 2 variétés de riz comme ci-dessus, puis mélangez-les avec les ciboules, les raisins secs et les cacahuètes. Émiettez 150 g de filets de truite fumée. Ajoutez le poisson dans le saladier avec 50 g de cresson. Assaisonnez puis servez.

caviar d'aubergine

Pour **2 personnes**
Préparation **10 minutes**
Cuisson **30 à 40 minutes**

2 **aubergines** coupées
  en dés
2 gousses d'**ail** émincées
2 c. à s. d'**huile d'olive**
1 c. à c. de **graines
  de cumin**
1 pincée de **piment
  en poudre**
1 c. à s. de feuilles
  de **coriandre** ciselées
sel et **poivre**
pitas

Versez les dés d'aubergines dans un plat à gratin.
Ajoutez l'ail, arrosez d'huile d'olive et saupoudrez
de graines de cumin et de piment. Salez et poivrez.

Faites cuire les aubergines 35 à 40 minutes dans
un four préchauffé à 200 °C jusqu'à ce qu'elles soient
fondantes et dorées.

Versez le tout dans un robot et hachez pendant
quelques secondes. La préparation doit rester
grumeleuse. Laissez refroidir puis ajoutez la coriandre.
Servez ce caviar avec des pitas grillés.

Pour du caviar aubergine-poivron, faites rôtir
1 aubergine, 1 poivron jaune coupé en morceaux
et 2 gousses d'ail comme ci-dessus, en remplaçant
le cumin et le piment par un brin de thym citronné.
Laissez refroidir puis versez le mélange dans un robot.
Ajoutez 3 cuillerées à soupe de fromage frais et hachez
le tout jusqu'à obtention d'un mélange lisse.

tortillas à la mozzarella et salsa au thon

Pour **2 personnes**
Préparation **10 minutes**
Cuisson **5 minutes**

300 g de **thon** frais,
   coupé en petits dés
1 **avocat** pelé, dénoyauté
   et coupé en petits dés
1 grosse **tomate** hachée
½ **piment vert**, épépiné
   et haché
1 grosse poignée
   de **cresson alénois**
sel et **poivre**

Tortillas
2 grandes **tortillas** à la farine
   de blé
50 g de **mozzarella** coupée
   en tranches fines
2 **ciboules** émincées
1 c. à s. de feuilles
   de **coriandre** ciselées

Mélangez ensemble le thon, l'avocat, la tomate, le piment et le cresson dans un grand saladier non métallique. Laissez reposer 10 minutes.

Pendant ce temps, faites chauffer une grande poêle à frire. Posez une tortilla sur une planche à découper. Disposez les tranches de mozzarella, les ciboules et la coriandre sur la tortilla. Posez l'autre tortilla sur la garniture, en pressant légèrement, et mettez le tout dans la poêle. Faites cuire 2 minutes, en tournant les tortillas à mi-cuisson. Coupez-les en quartiers et servez, avec la salsa au thon.

Pour préparer une salsa au chèvre et au poivron rouge, hachez grossièrement 150 g de fromage de chèvre. Coupez 1 poivron rouge en deux, épépinez-le puis hachez-le grossièrement. Mélangez ensemble le fromage de chèvre, le poivron, 1 avocat coupé en morceaux, 1 grosse tomate coupée en dés, ½ piment vert, épépiné et haché, et une grosse poignée de cresson. Servez cette salsa avec des tortillas à la mozzarella, préparées comme ci-dessus.

soupe au poulet et à la patate douce

Pour **2 personnes**
Préparation **10 minutes**
Cuisson **15 minutes**

2 c. à c. d'**huile d'olive**
1 petit **oignon** haché
1 gousse d'**ail** pilée
1 **piment rouge**, épépiné
   et haché
1 grosse **patate douce**,
   pelée et coupée en dés
1 gros **blanc de poulet**
   sans la peau, coupé
   en petits morceaux
400 g de **lait de coco**
   en boîte
600 ml de **bouillon
   de poule** (voir pages 13
   et 146)
1 c. à s. de feuilles
   de **coriandre** ciselées
sel

Faites chauffer l'huile d'olive dans une poêle antiadhésive. Faites-y fondre l'oignon et l'ail avec le piment pendant 3 minutes. Ajoutez la patate douce et le poulet, et poursuivez la cuisson 2 à 3 minutes, jusqu'à ce que les dés de poulet soient dorés.

Ajoutez le lait de coco et le bouillon de poule. Portez à ébullition, couvrez et laissez frémir 15 minutes jusqu'à ce que la patate douce soit fondante.

Versez le tout dans un robot et mixez jusqu'à obtention d'un mélange lisse. Salez selon votre goût, parsemez de coriandre et servez.

Pour une soupe épicée au butternut, faites fondre l'oignon et l'ail avec le piment, comme ci-dessus. Supprimez le poulet et remplacez la patate douce par une courge butternut de taille moyenne, pelée et coupée en dés. Ajoutez le lait de coco et 300 ml de bouillon de légumes (voir page 94). Portez à ébullition puis poursuivez comme ci-dessus.

salade de poulet mariné à l'avocat

Pour **2 personnes**
Préparation **20 minutes**
  + marinade
Cuisson **10 à 15 minutes**

2 **blancs de poulet**
  sans la peau
150 g de **romaine**
  coupée en morceaux
150 g de **trévise** coupée
  en morceaux
½ gros **avocat** dénoyauté,
  pelé et coupé en lamelles
1 c. à s. de feuilles
  de **coriandre** ciselées

Sauce cumin-citron
2 c. à s. de **jus de citron**
½ c. à c. de **sauce soja**
1 c. à c. de **cumin**
  en poudre
6 c. à s. d'**huile d'olive**

Marinade orange-coriandre
2 c. à s. d'**huile d'olive**
½ c. à s. de **jus de citron**
½ c. à s. de **jus d'orange**
2 gousses d'**ail** hachées
½ c. à c. de **coriandre**
  en poudre
½ c. à c. de **cumin**
  en poudre
¼ de c. à c. de **cannelle**

Préparez la marinade orange-coriandre. Dans un bol, mélangez ensemble tous les ingrédients. Disposez les blancs de poulet dans un plat non métallique. Versez la marinade sur le poulet en en réservant 2 cuillerées à soupe. Couvrez et placez 20 minutes au réfrigérateur.

Pendant ce temps, préparez la sauce cumin-citron. Dans un bol, mélangez le jus de citron, la sauce soja, le cumin et l'huile d'olive. Réservez.

Sortez les blancs de poulet de la marinade et posez-les sur une plaque de cuisson recouverte de papier d'aluminium. Glissez la plaque environ 15 cm en dessous d'un gril préchauffé, et faites cuire environ 10 minutes. Tournez de temps en temps le poulet et badigeonnez-le de marinade.

Mélangez les feuilles de romaine et de trévise dans un grand saladier. Arrosez avec 1 ou 2 cuillerées à soupe de sauce cumin-citron, remuez et transvasez sur une grande assiette. Coupez les blancs de poulet en tranches de 1 cm d'épaisseur que vous poserez sur la salade.

Décorez avec des lamelles d'avocat. Versez le reste de sauce, parsemez de feuilles de coriandre puis servez.

Pour une salade au tofu, coupez 200 g de tofu en tranches fines. Préparez la marinade comme ci-dessus et faites-y mariner le tofu 20 minutes. Faites griller le tofu sous le gril d'un four préchauffé 2 à 3 minutes. Préparez la salade comme ci-dessus. Mélangez la salade avec la sauce cumin-citron et le tofu, parsemez de coriandre ciselée et servez.

salade de lentilles et œufs pochés

Pour **2 personnes**
Préparation **5 minutes**
Cuisson **5 minutes**

2 c. à c. d'**huile d'olive**
4 **ciboules** émincées
1 gousse d'**ail** pilée
400 g de **lentilles vertes**
en boîte, rincées
et égouttées
150 g de **tomates cerises**
coupées en deux
1 c. à s. de **persil** ciselé
1 c. à s. de **vinaigre
balsamique**
2 **œufs**

Faites chauffer l'huile d'olive dans une poêle antiadhésive. Faites-y revenir les ciboules et l'ail pendant 1 minute. Ajoutez les lentilles, les tomates cerises, le persil et le vinaigre. Réchauffez le tout.

Pendant ce temps, portez une grande casserole d'eau légèrement salée à ébullition. Remuez l'eau pour créer un petit tourbillon. Cassez un œuf dans la casserole. Faites cuire 3 minutes, en laissant le blanc se rassembler autour du jaune. Sortez l'œuf de l'eau et faites pocher l'autre œuf de la même manière.

Servez les œufs sur un lit de lentilles avec du pain croustillant pour faire des mouillettes.

Pour une salade de riz au chorizo, remplacez les lentilles par un mélange de riz sauvage et de riz basmati (300 g en tout). Achetez un mélange tout prêt et faites cuire en suivant les instructions sur le paquet. Poursuivez en suivant la recette ci-dessus et servez avec 8 rondelles de chorizo grillé et 1 œuf poché par assiette.

toasts au bleu

Pour **2 personnes**
Préparation **5 minutes**
Cuisson **5 minutes**

15 g de **beurre**
4 **ciboules** émincées
100 g de **bleu** émietté
(du stilton anglais,
par exemple)
1 **jaune d'œuf**
un peu de **lait**
2 tranches de **pain aux
céréales** légèrement grillées
2 tranches de **bacon** grillées

Faites chauffer le beurre dans une petite casserole puis faites-y fondre les ciboules pendant 2 à 3 minutes. Laissez refroidir avant d'ajouter le bleu, le jaune d'œuf, et suffisamment de lait pour obtenir un mélange tartinable.

Étalez cette préparation sur le pain et faites cuire environ 2 minutes sous le gril du four jusqu'à ce que le dessus bouillonne et dore. Posez une tranche de bacon sur chaque toast et servez.

Pour des toasts au gruyère, remplacez le bleu par 75 g de gruyère râpé et ajoutez ½ cuillerée à café de moutarde forte à la préparation aux ciboules avant de l'étaler sur le pain. Faites griller comme ci-dessus puis servez.

chili con carne aux haricots blancs

Pour **2 personnes**
Préparation **30 minutes**
Cuisson **55 minutes**

1 c. à s. d'**huile d'olive**
1 petit **oignon**
  haché finement
1 gousse d'**ail** pilée
250 g de **bœuf haché**
1 c. à s de **concentré**
  de tomates
1 gros **piment rouge** haché
½ c. à c. de **piment fort**
  en poudre
1 c. à c. de mélange
  de **fines herbes** séchées
200 g de **tomates**
  concassées en boîte
225 g de **haricots blancs**
  à la sauce tomate,
  en boîte
poivre

Pour servir
100 ml de **crème aigre**
1 c. à s. de **persil plat** ciselé
50 g de **gruyère** râpé
piments jalapeños
  (facultatif)

Préparez le chili. Faites chauffer l'huile d'olive dans une grande poêle puis faites-y fondre l'oignon et l'ail 5 minutes à feu moyen. Augmentez le feu au maximum et ajoutez le bœuf haché. Faites revenir 5 minutes en remuant jusqu'à ce que la viande soit bien dorée.

Incorporez le concentré de tomates, le piment haché, le piment en poudre et les fines herbes. Poursuivez la cuisson 5 minutes. Ajoutez les tomates concassées et les haricots. Portez à ébullition, couvrez et laissez mijoter 30 minutes.

Transvasez le chili dans un plat de service. Versez la crème aigre en surface. Poivrez, parsemez de persil ciselé et servez avec des scones au fromage (voir ci-dessous). Proposez en accompagnement, dans 2 bols séparés, du gruyère râpé et des piments jalapeños.

Pour préparer des scones au fromage à servir en accompagnement, mélangez 250 g de farine ordinaire et 2 cuillerées à café de levure dans un grand saladier. Ajoutez 75 g de beurre coupé en dés et 50 g de gruyère râpé. Travaillez le mélange du bout des doigts. Faites un puits au centre, cassez-y un œuf et versez-y 50 ml de lait. Avec la lame d'un couteau, remuez l'ensemble jusqu'à ce que la pâte forme une boule. Posez la pâte sur un plan de travail légèrement fariné puis abaissez-la au rouleau sur environ 5 mm d'épaisseur. Découpez-y 8 disques de 5 cm de diamètre que vous poserez sur une plaque de cuisson. Badigeonnez de lait et faites cuire 12 minutes dans un four préchauffé à 200 °C. Vérifiez la cuisson en tapotant les scones : ils doivent sonner creux.

tartelettes aux épinards et à la feta

Pour **4 tartelettes**
Préparation **10 minutes**
  + réfrigération
Cuisson **25 minutes**

Pâte
200 g de **farine ordinaire**
100 g de **beurre** froid
  coupé en dés
environ 100 ml d'**eau froide**

Garniture
150 g de pousses d'**épinards**
150 ml de **crème fraîche**
1 **œuf** battu
50 g de **feta** émiettée
noix de muscade râpée
poivre

Tamisez la farine au-dessus d'un grand saladier. Ajoutez le beurre et travaillez le mélange du bout des doigts jusqu'à ce qu'il s'effrite en petits grains. Incorporez de l'eau froide jusqu'à ce que la pâte forme une boule. Emballez la pâte dans du film alimentaire et placez-la 30 minutes au réfrigérateur.

Divisez la pâte en quatre. Abaissez chaque pâton au rouleau et garnissez-en 4 petits moules à tarte de 9 cm de diamètre, légèrement beurrés. Faites cuire à blanc (sans garniture) 5 minutes, dans un four préchauffé à 200 °C. Sortez les moules du four mais laissez ce dernier allumé.

Pendant ce temps, mettez les épinards dans une grande passoire puis arrosez-les avec l'eau bouillante pour les ramollir. Pressez-les pour les essorer. Répartissez les épinards dans les moules, sur la pâte. Dans un bol, fouettez la crème fraîche et l'œuf. Saupoudrez de noix de muscade et de poivre noir. Ajoutez la feta émiettée. Versez ce mélange sur les épinards et faites cuire 15 à 20 minutes jusqu'à ce que le dessus soit doré. Servez une salade en accompagnement.

Pour des tartelettes à la truite et aux asperges, préparez la pâte et faites-la cuire à blanc, comme ci-dessus. Coupez en deux 8 asperges parées et faites bouillir 1 minute. Égouttez. Disposez les moitiés d'asperges sur la pâte, ainsi que 75 g de truite fumée émiettée. Mélangez ensemble 150 ml de crème fraîche et 1 œuf. Versez ce mélange sur les asperges et la truite. Faites cuire comme ci-dessus et servez bien chaud.

bruschettas au bleu et à la pancetta

Pour **2 personnes**
Préparation **5 minutes**
Cuisson **5 minutes**

1 c. à s. d'**huile d'olive**
1 gousse d'**ail** pilée
100 g de **pancetta** taillée
en petits dés
250 g de **mélange
de champignons** coupés
en morceaux
4 c. à s. de **crème
fraîche épaisse**
25 g de **bleu** émietté
1 c. à s. de **persil** ciselé
4 tranches de **ciabatta**
grillées

Faites chauffer l'huile d'olive dans une poêle à frire. Faites-y revenir l'ail et la pancetta 1 à 2 minutes. Ajoutez les champignons et poursuivez la cuisson 2 à 3 minutes jusqu'à ce qu'ils soient cuits.

Ajoutez la crème fraîche et le bleu, et faites chauffer encore 1 minute. Parsemez de persil et remuez. Posez 2 tranches de pain grillé sur chaque assiette, nappez de sauce et servez.

Pour les pâtes au bleu et à la pancetta, faites cuire 300 g de pâtes en suivant les instructions du paquet. Pendant ce temps, faites revenir 1 gousse d'ail pilée, 75 g de pancetta et 250 g de champignons. Ajoutez la crème fraîche épaisse et le bleu, et réchauffez le tout. Égouttez les pâtes puis nappez-les de sauce au bleu. Parsemez de persil ciselé et servez avec une salade verte.

soupe d'été

Pour **2 personnes**
Préparation **10 minutes**
Cuisson **15 minutes**

1 c. à c. d'**huile d'olive**
½ **poireau** émincé
½ grosse **pomme de terre**
  coupée en dés
200 g de **légumes d'été**
  mélangés (petits pois,
  asperges, fèves et
  courgettes, par exemple)
1 c. à s. de **menthe** ciselée
450 ml de **bouillon**
  de légumes (voir ci-contre)
1 c. à s. de **crème fraîche**
sel (facultatif) et **poivre**

Faites chauffer l'huile d'olive dans une cocotte de taille moyenne. Faites-y revenir le poireau et la pomme de terre 2 à 3 minutes.

Ajoutez les légumes d'été, avec la menthe et le bouillon de légumes. Portez à ébullition puis réduisez le feu et laissez frémir 10 minutes.

Versez la soupe dans un robot et mixez jusqu'à ce qu'elle soit lisse. Reversez le tout dans la cocotte, ajoutez la crème fraîche, salez et poivrez. Réchauffez la soupe et servez.

Pour préparer du bouillon de légumes maison,
faites chauffer 1 cuillerée à soupe d'huile d'olive dans une grande cocotte. Faites-y revenir 1 oignon haché, 1 carotte coupée en rondelles, 4 branches de céleri coupées en morceaux pendant 2 à 3 minutes. Ajoutez un bouquet garni, du sel et du poivre. Versez 1,7 litre d'eau dans la cocotte et portez à ébullition. Réduisez le feu et laissez frémir pendant 1 heure 30. Filtrez. Vous obtiendrez environ 1,2 litre de bouillon.

poivrons rôtis et halloumi grillé

Pour **2 personnes**
Préparation **10 minutes**
Cuisson **25 minutes**

8 **filets d'anchois**
coupés en deux
1 gousse d'**ail** émincée
225 g de **tomates cerises**
coupées en deux
1 c. à s. de **pesto**
(voir pages 12-13)
1 **poivron rouge** coupé
en deux et épépiné
1 **poivron jaune**
coupé en deux et épépiné
4 tranches d'**halloumi**
(100 g en tout)
1 c. à s. d'**huile d'olive**
1 poignée de **roquette**
1 c. à s. de **pignons de pin**
grillés

Mélangez ensemble les anchois, l'ail, les tomates cerises et le pesto.

Posez les poivrons sur une plaque de cuisson, côté coupé vers le haut. Farcissez-les avec la préparation aux anchois. Posez une tranche d'halloumi sur la farce et arrosez avec un filet d'huile d'olive.

Faites cuire 20 à 25 minutes dans un four préchauffé à 220 °C jusqu'à ce que les poivrons soient fondants et que le fromage soit doré.

Parsemez de feuilles de roquette et de pignons grillés. Servez aussitôt.

Pour les pâtes poulet-poivron-halloumi, coupez en deux et épépinez 1 poivron rouge et 1 poivron jaune. Posez les poivrons sur une plaque de cuisson et faites-les griller jusqu'à ce que la peau noircisse. Mettez les moitiés de poivrons dans un bol que vous recouvrirez de film alimentaire. Laissez refroidir. Ôtez la peau des poivrons et taillez la chair en lanières. Faites cuire 250 g de pâtes en suivant les instructions du paquet. Égouttez-les. Mélangez ensemble les poivrons, les anchois, l'ail, les tomates, le pesto et les pâtes. Parsemez de copeaux d'halloumi (100 g), de feuilles de roquette et de pignons grillés. Servez aussitôt.

frittata aux épinards et haricots

Pour **2 personnes**
Préparation **10 minutes**
Cuisson **10 minutes**

1 c. à c. d'**huile d'olive**
1 **oignon** émincé
400 g de gros **haricots
blancs** en boîte, rincés
et égouttés
200 g de pousses
d'**épinards**
4 **œufs** battus
50 g de **ricotta**
sel (facultatif) et **poivre**

Faites chauffer l'huile d'olive dans une poêle à frire
de taille moyenne. Faites-y fondre l'oignon pendant
3 à 4 minutes. Ajoutez les haricots et les épinards,
et poursuivez la cuisson 2 à 3 minutes à feu doux
jusqu'à ce que les épinards ramollissent.

Versez les œufs battus dans la poêle. Déposez
des cuillerées de ricotta sur les œufs, salez et poivrez.
Faites cuire jusqu'à ce que le dessous soit doré.
Glissez ensuite la poêle sous un gril bien chaud
et poursuivez la cuisson 1 à 2 minutes jusqu'à ce
que le dessus soit pris et doré. Servez cette frittata
avec une salade de tomates et d'oignons rouges.

Pour une frittata au bleu et au brocoli, faites
chauffer 1 cuillerée à café d'huile d'olive dans
une poêle à frire. Faites-y fondre 1 oignon émincé.
Ajoutez 100 g de petits bouquets de brocoli cuits
et poursuivez la cuisson 2 minutes. Versez les œufs
battus dans la poêle puis parsemez l'omelette de 75 g
de bleu émietté. Faites cuire comme ci-dessus,
en finissant la cuisson sous le gril du four.

poulet croustillant et salsa verde

Pour **2 personnes**
Préparation **10 minutes**
+ marinade
Cuisson **10 minutes**

2 **blancs de poulet**
avec la peau
1 c. à c. d'**huile d'olive**
1 gousse d'**ail** pilée
1 c. à s. de **sauce soja**

Salsa verde
1 poignée de **fines herbes**
mélangées (persil, thym
et basilic, par exemple)
1 gousse d'**ail** hachée
grossièrement
2 **cornichons**
1 c. à s. de **câpres**
égouttées
1 **anchois**
2 c. à s. d'**huile d'olive**
1 c. à c. de **vinaigre
de vin blanc**

Faites 3 entailles dans la peau de chaque blanc de poulet. Posez les blancs dans un plat non métallique.

Mélangez l'huile d'olive, l'ail et la sauce soja, puis versez ce mélange sur le poulet et laissez mariner 10 minutes.

Pendant ce temps, préparez la salsa verde. Dans un robot, hachez ensemble tous les ingrédients de la salsa jusqu'à obtention d'une pâte grumeleuse. Placez au réfrigérateur.

Faites chauffer une poêle-gril ou une poêle à fond épais. Faites-y cuire les blancs de poulet marinés, côté peau vers le bas, pendant 2 à 3 minutes. Tournez les blancs et poursuivez la cuisson 3 à 4 minutes.

Servez ces blancs de poulet avec une cuillerée de salsa verde et quelques pommes de terre.

Pour préparer une salade grecque à servir en accompagnement, mélangez ensemble 250 g de tomates cerises coupées en deux, ¼ de concombre haché, 1 petit oignon rouge émincé et 100 g de feta émiettée. Arrosez de 1 cuillerée à soupe d'huile d'olive et de 1 cuillerée à café de vinaigre de vin rouge. Parsemez de 1 cuillerée à soupe d'origan frais ciselé. Salez et poivrez selon votre goût.

salade italienne haricots artichauts

Pour **2 personnes**
Préparation **10 minutes**

400 g de **cœurs
d'artichauts** en boîte
1 petit **oignon rouge** émincé
100 g de **mozzarella**
coupée en dés
400 g de **haricots blancs**
en boîte, rincés et égouttés
75 g de **roquette**

Sauce
1 **piment rouge**
haché finement
1 c. à c. de **vinaigre
de cidre**
1 c. à c. de **moutarde
de Dijon**
1 c. à c. de **sucre en poudre**
1 c. à s. d'**huile d'olive**
1 c. à s. de **fines herbes**
fraîches mélangées
(persil, coriandre et basilic,
par exemple)

Préparez la sauce. Dans un petit bol, fouettez ensemble le piment, le vinaigre, la moutarde, le sucre, l'huile d'olive et les fines herbes. Réservez.

Égouttez les cœurs d'artichauts puis mélangez-les avec l'oignon, la mozzarella et les haricots blancs. Ajoutez la roquette et remuez.

Versez la sauce sur la salade et servez.

Pour une salade express à la feta, taillez 2 épaisses tranches de pain en petits cubes. Badigeonnez les dés de pain avec 1 cuillerée à soupe d'huile d'olive puis étalez-les dans un plat à gratin et faites dorer 10 à 15 minutes dans un four préchauffé à 200 °C. À part, mélangez 200 g de haricots mélangés en boîte et 50 g de feta émiettée. Servez le mélange haricots-feta avec quelques feuilles de romaine et des croûtons.

salade d'endives aux maquereaux

Pour **2 personnes**
Préparation **10 minutes**

2 **endives**
2 **filets de maquereaux**
  émiettés
2 **oranges** pelées à vif,
  quartiers séparés
1 poignée de **cresson**

Sauce
le **jus** de 1 **orange**
1 c. à s. d'**huile d'olive**
1 c. à c. de **moutarde**
  à l'ancienne
1 c. à c. de **miel** liquide

Parez les endives et coupez-les en morceaux. Mettez-les dans un grand saladier et mélangez-les avec les filets de maquereaux, les quartiers d'oranges et le cresson.

Préparez la sauce. Dans un bol, fouettez ensemble le jus d'orange, l'huile d'olive, la moutarde et le miel.

Versez la sauce sur la salade et servez avec du pain croustillant.

Pour une salade au gruyère, mélangez les feuilles de 2 endives avec 75 g de gruyère coupé en dés, environ 25 g de graines grillées (sésame, tournesol, etc.), les quartiers d'oranges et le cresson. Arrosez de sauce puis servez.

panini au chèvre et aux asperges

Pour **2 personnes**
Préparation **5 minutes**
Cuisson **18 à 20 minutes**

150 g d'**asperges** parées
2 c. à s. d'**huile d'olive**
125 g de **fromage
de chèvre frais**
4 tranches de **pain aux noix**
75 g de **fromage de chèvre
sec**, coupé en tranches
1 c. à c. de **thym citronné**
ciselé
sel et **poivre**

Pour servir
1 grosse poignée de feuilles
de **roquette**
2 c. à c. d'**huile parfumée
à la truffe**

Tournez les asperges dans l'huile d'olive.
Assaisonnez-les puis disposez-les dans un plat à
gratin. Faites-les cuire environ 15 minutes dans un four
préchauffé à 180 °C jusqu'à ce qu'elles soient dorées.

Étalez le fromage de chèvre frais sur 2 tranches de pain
aux noix. Répartissez les asperges sur le fromage
et finissez avec les tranches de chèvre sec.

Parsemez de thym ciselé. Posez les 2 autres tranches
de pain sur le tout et faites griller 3 à 4 minutes dans
un moule à croque-monsieur, en suivant les instructions
du fabricant, jusqu'à ce que le pain soit doré et que
le fromage soit fondu. Servez avec un filet d'huile
parfumée à la truffe et une salade de roquette.

**Pour un panini à la poitrine de porc et au sirop
d'érable,** étalez 50 g de fromage frais sur 2 tranches
de pain aux noix. Faites griller 2 tranches de poitrine
de porc très fines que vous poserez ensuite sur le
fromage frais. Arrosez avec 1 cuillerée à café de sirop
d'érable. Posez 2 autres tranches de pain sur le tout
et faites griller comme ci-dessus.

pizzas à la poire et au gorgonzola

Pour **2 personnes**
Préparation **10 minutes**
  + repos
Cuisson **20 minutes**

Pâte à pizza
1 sachet (7 g) de **levure**
1 c. à s. de **lait écrémé
en poudre**
½ c. à c. de **sel**
325 g de **farine à pain**
1 c. à c. de **sucre
en poudre**
1 c. à s. d'**huile d'olive**
200 ml d'**eau chaude**

Garniture
1 c. à c. d'**huile d'olive**
175 g de **poires** pelées
  et coupées en 16 tranches
100 g de **gorgonzola** émietté
1 poignée de **roquette**
  pour décorer

Dans un grand saladier, mélangez la levure, le lait en poudre, le sel, la farine et le sucre. Versez l'huile d'olive et l'eau et mélangez jusqu'à obtention d'une pâte lisse. Ajoutez un peu d'eau ou de farine si la pâte est trop sèche ou trop collante.

Pétrissez la pâte sur un plan de travail légèrement fariné pendant 5 minutes. Posez-la ensuite dans un récipient légèrement huilé. Couvrez avec un torchon humide et laissez reposer dans un endroit chaud jusqu'à ce que la pâte ait doublé de volume.

Divisez la pâte en deux. Abaissez chaque pâton au rouleau de manière à obtenir 2 disques d'environ 20 cm de diamètre. Posez les disques sur une plaque de cuisson. Badigeonnez avec 1 cuillerée à café d'huile d'olive. Répartissez les lamelles de poires sur la pâte et parsemez de morceaux de gorgonzola.

Faites cuire 15 à 20 minutes dans un four préchauffé à 220 °C. Décorez de quelques feuilles de roquette et servez aussitôt avec une salade verte.

Pour des pizzas au gorgonzola, jambon de Parme et roquette, préparez la pâte à pizza comme ci-dessus. Faites chauffer 1 cuillerée à soupe d'huile d'olive dans une poêle à frire puis faites-y fondre 1 oignon émincé. Répartissez l'oignon sur les disques de pâte, parsemez de gorgonzola puis faites cuire comme ci-dessus. Coupez 6 tranches de jambon de Parme en morceaux que vous répartirez sur les pizzas. Décorez de quelques feuilles de roquette, arrosez d'un filet d'huile d'olive puis servez.

dîners
rapides

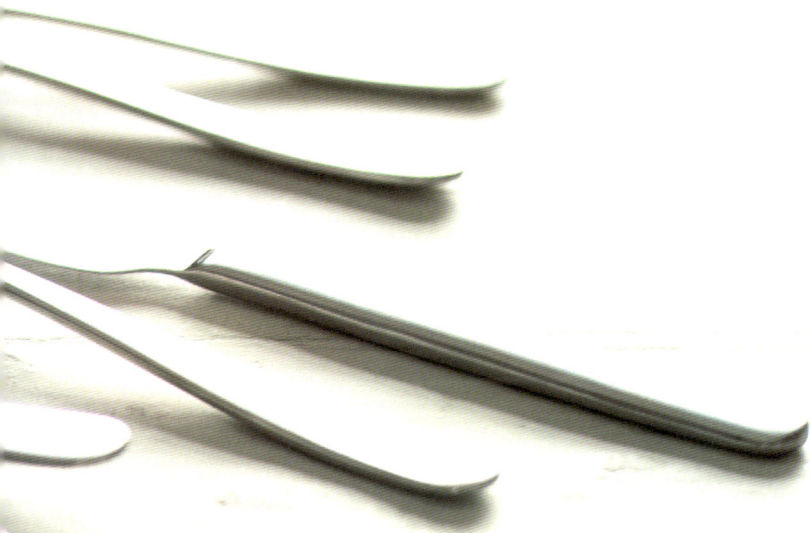

tartelettes tomates-olives-feta

Pour **2 personnes**
Préparation **10 minutes**
Cuisson **15 minutes**

175 g de **pâte feuilletée**
(décongelée si elle est
surgelée)
125 g de **tomates cerises**
coupées en deux
12 **olives** dénoyautées,
coupées en deux
75 g de **feta** émiettée
2 c. à c. d'**huile d'olive**

Pesto
1 grosse poignée de feuilles
de **basilic**
1 c. à s. de **pignons de pin**
grillés
1 c. à s. de **parmesan** râpé
1 petite gousse d'**ail** hachée
2 c. à s. d'**huile d'olive**
sel et **poivre**

Divisez la pâte en deux. Abaissez les pâtons au rouleau jusqu'à obtention de 2 carrés de 15 cm de côté. Avec un couteau, tracez un sillon léger à 1 cm du bord. Posez les carrés de pâte sur une plaque de cuisson.

Préparez le pesto. Mettez le basilic, les pignons, le parmesan, l'ail et l'huile d'olive dans un robot. Salez selon votre goût puis hachez brièvement : le pesto ne doit pas être lisse. (Vous pouvez conserver un reste de pesto pendant quelques jours au réfrigérateur.)

Mélangez les tomates cerises avec les olives, la feta et l'huile d'olive. Assaisonnez puis répartissez ce mélange sur les carrés de pâte, sans en mettre sur le tour.

Déposez 2 cuillerées à café de pesto sur les tartelettes et faites cuire environ 15 minutes dans un four préchauffé à 220 °C jusqu'à ce que la pâte soit gonflée et dorée. Servez ces tartelettes avec une salade verte bien croquante si vous le souhaitez.

Pour des tartelettes poivron-brie, préparez les carrés de pâte comme ci-dessus. Étalez 1 cuillerée à café de pesto sur chaque carré. Répartissez sur le pesto 1 poivron rouge rôti, pelé et coupé en lanières. Posez 2 tranches de brie sur le poivron. Parsemez d'origan frais ciselé et arrosez d'un filet d'huile d'olive. Faites cuire comme ci-dessus.

pâtes ricotta jambon de Parme

Pour **2 personnes**
Préparation **10 minutes**
Cuisson **15 minutes**

175 g de **pâtes** de votre choix
1 c. à s. d'**huile d'olive**
1 petit **oignon**
haché finement
1 gousse d'**ail** pilée
75 g de **jambon de Parme**
taillé en petits morceaux
125 g de **ricotta**
75 g de **roquette**
2 c. à s. de **parmesan** râpé
2 c. à s. de **vin blanc**
sel et **poivre**

Faites cuire les pâtes en suivant les instructions du paquet. Égouttez-les.

Pendant ce temps, faites chauffer l'huile d'olive dans une poêle antiadhésive. Faites-y fondre l'oignon et l'ail pendant 3 minutes. Ajoutez le jambon et poursuivez la cuisson 1 minute.

Ajoutez la ricotta, la roquette, le parmesan et le vin. Faites chauffer 1 minute. Versez cette sauce sur les pâtes et remuez. Salez et poivrez. Servez aussitôt.

Pour un gratin de pâtes à la ricotta, au jambon de Parme et aux artichauts, faites cuire 175 g de pâtes. Faites fondre l'oignon et l'ail comme ci-dessus. Ajoutez 125 g de ricotta, 125 g de cœurs d'artichauts égouttés en boîte, 75 g de jambon de Parme et 2 cuillerées à soupe de parmesan râpé. Ajoutez aux pâtes 4 cuillerées à soupe de crème fraîche épaisse. Remuez. Ajoutez-leur ensuite le contenu de la poêle. Remuez puis versez le tout dans un plat à gratin. Dans un bol, mélangez ensemble 125 g de mozzarella coupée en dés et 50 g de ciabatta émiettée. Répartissez ce mélange sur les pâtes et faites gratiner 10 à 15 minutes dans un four préchauffé à 180 °C.

légumes sautés

Pour **2 personnes**
Préparation **10 minutes**
Cuisson **20 minutes**

1 c. à s. d'**huile d'olive**
   ou **de colza**
½ **oignon** coupé
   en morceaux
½ **poivron rouge**, épépiné
   et coupé en morceaux
1 branche de **céleri** émincée
1 c. à s. de **sauce soja claire**
1 c. à s. de **ketchup**
1 pincée de **piment**
   en poudre
50 g de **champignons**
   parés et émincés
5 **tomates cerises**
   coupées en deux
50 g de **pois gourmands**
   ou de **haricots verts**,
   coupés en deux s'ils sont
   longs
50 g de **germes de soja**
1 grosse **carotte** taillée
   en bâtonnets
ciboules émincées,
   pour décorer (facultatif)

Faites chauffer l'huile d'olive dans un wok ou dans une grande poêle antiadhésive. Faites-y revenir l'oignon 2 minutes.

Ajoutez le poivron et le céleri, et faites sauter quelques minutes. Ajoutez la sauce soja, le ketchup et le piment en poudre puis remuez soigneusement.

Ajoutez les ingrédients restants et faites revenir à feu moyen 10 à 15 minutes jusqu'à ce que les légumes soient fondants. Mouillez avec un peu d'eau si nécessaire.

Décorez ce sauté de ciboules émincées si vous le souhaitez, puis servez avec des pitas à la farine complète.

Pour des nouilles sautées au poulet, émincez 2 petits blancs de poulet sans la peau. Faites revenir le poulet avec 1 gros oignon coupé en morceaux. Poursuivez en suivant la recette ci-dessus. En fin de cuisson, ajoutez 100 g de nouilles cuites aux légumes sautés. Parsemez de 2 cuillerées à soupe de cacahuètes hachées puis servez.

frittata à la feta et aux fines herbes

Pour **2 personnes**
Préparation **5 minutes**
Cuisson **10 minutes**

4 **œufs** battus
2 c. à s. de **fines herbes**
   ciselées (ciboulette, cerfeuil
   et persil, par exemple)
1 c. à s. de **crème fraîche**
   épaisse
1 c. à s. d'**huile d'olive**
1 petit **oignon rouge** émincé
½ **poivron rouge** épépiné
   et émincé
100 g de **feta** émiettée
1 grosse poignée de feuilles
   de **roquette**
sel et **poivre**

Fouettez les œufs avec les fines herbes et la crème fraîche. Salez et poivrez.

Faites chauffer l'huile d'olive dans une poêle antiadhésive munie d'une poignée résistant à la chaleur. Faites-y revenir l'oignon et le poivron pendant 3 à 4 minutes. Ajoutez les œufs et faites cuire environ 3 minutes jusqu'à ce que le dessous soit doré.

Parsemez de feta émiettée puis glissez la poêle sous le gril d'un four préchauffé et faites dorer. Décorez avec la roquette et servez.

Pour une frittata aux pommes de terre et au fromage de chèvre, fouettez ensemble les œufs, les fines herbes et la crème fraîche. Ajoutez 150 g de pommes de terre nouvelles, cuites et tranchées à la préparation aux œufs, puis faites cuire comme ci-dessus. Disposez 4 tranches de fromage de chèvre sec sur les œufs et finissez la cuisson sous le gril du four. Servez avec une salade de roquette.

pâtes au chou et aux anchois

Pour **2 personnes**
Préparation **5 minutes**
Cuisson **15 minutes**

175 g de **pâtes**
de votre choix
1 c. à s. d'**huile d'olive**
¼ de **chou vert frisé**,
taillé en fines lanières
1 gousse d'**ail** émincée
4 **anchois** hachés finement
2 c. à s. de **pignons de pin**
2 c. à s. de **parmesan** râpé

Faites cuire les pâtes en suivant les instructions du paquet. Égouttez-les et réservez-les au chaud.

Pendant ce temps, faites chauffer l'huile d'olive dans une poêle à frire. Faites-y cuire le chou vert et l'ail pendant 5 à 6 minutes jusqu'à ce que le chou soit fondant. Ajoutez les anchois, les pignons et le parmesan. Mélangez soigneusement.

Versez la préparation au chou sur les pâtes et remuez. Servez aussitôt.

Pour des pâtes crémeuses aux épinards, faites cuire 175 g de pâtes. Faites chauffer 1 cuillerée à soupe d'huile d'olive dans une poêle puis faites-y cuire 175 g de pousses d'épinards pendant 5 à 6 minutes. Remplacez les anchois par 2 cuillerées à soupe de mascarpone et 1 cuillerée à soupe de parmesan râpé. Versez la préparation aux épinards sur les pâtes, remuez puis servez.

120

poulet-pommes de terre-haricots

Pour **2 personnes**
Préparation **10 minutes**
  + marinade
Cuisson **15 minutes**

2 **blancs de poulet**
  sans la peau
1 c. à s. de **pesto**
  (voir pages 12-13)
2 c. à s. de **mascarpone**

Pommes de terre
250 g de **pommes
  de terre nouvelles**
2 c. à s. de **crème fraîche**
1 c. à s. de **moutarde
  à l'ancienne**
4 **ciboules** hachées

Haricots verts
150 g de **haricots verts**
1 c. à c. d'**huile d'olive**
15 g de **beurre**
1 gousse d'**ail** pilée

Faites 3 profondes entailles dans chaque blanc de poulet puis posez-les dans un plat non métallique. Mélangez ensemble le pesto et le mascarpone. Versez ce mélange sur le poulet et laissez mariner 10 minutes.

Faites chauffer une poêle-gril ou une poêle à frire puis faites-y cuire les blancs de poulet, 3 à 4 minutes de chaque côté. Quand le poulet est cuit, versez le reste de marinade dans la poêle et faites chauffer 1 minute.

Pendant ce temps, faites cuire les pommes de terre dans de l'eau bouillante salée. Quand elles sont fondantes, égouttez-les et ajoutez-leur la crème fraîche, la moutarde et les ciboules. Écrasez légèrement avec le dos d'une fourchette.

Faites cuire les haricots verts dans une petite casserole d'eau bouillante pendant 2 minutes. Égouttez-les. Faites chauffer l'huile d'olive et le beurre dans une poêle. Faites-y revenir l'ail 1 minute, puis ajoutez les haricots verts et faites sauter encore 1 minute. Servez le poulet avec les pommes de terre et les haricots verts.

Pour des tortillas au poulet, préparez la marinade au pesto et au mascarpone. Faites-y mariner le poulet pendant au moins 10 minutes puis faites-le cuire comme ci-dessus. Laissez refroidir légèrement puis coupez des tranches de 1 cm d'épaisseur. Répartissez le poulet sur des tortillas de blé réchauffées, nappez de marinade, enroulez et servez avec de la salade verte.

mille-feuille de pâtes poulet-épinards

Pour **2 personnes**
Préparation **5 minutes**
Cuisson **10 minutes**

1 c. à s. d'**huile d'olive**
1 gros **blanc
de poulet** émincé
1 gousse d'**ail** pilée
200 g de pousses
d'**épinards**
150 g de **ricotta**
1 bonne pincée de **noix
de muscade** râpée
1 c. à s. de **parmesan** râpé
3 **feuilles de lasagnes
fraîches** coupées en deux
sel et **poivre**

Faites chauffer la moitié de l'huile d'olive dans
une poêle antiadhésive. Faites-y revenir le poulet
pendant 2 à 3 minutes. Ajoutez l'ail et les épinards,
et poursuivez la cuisson jusqu'à ce que les épinards
ramollissent et que le jus se soit évaporé.

Ajoutez la ricotta, la noix de muscade et le parmesan,
remuez puis retirez du feu. Salez et poivrez.

Pendant ce temps, faites cuire les feuilles de lasagnes
dans de l'eau bouillante pendant environ 5 minutes.
Égouttez-les. Sur les assiettes, alternez les feuilles
de lasagnes (3 par assiette) et la préparation au poulet,
en finissant par la lasagne. Arrosez avec le reste d'huile
d'olive et servez.

Pour une version végétarienne, étalez divers
légumes sur une plaque de cuisson, notamment
des poivrons épépinés et émincés, des courgettes
coupées en rondelles, des champignons, des tranches
d'aubergine, des oignons hachés. Arrosez d'un filet
d'huile d'olive et parsemez de fines herbes fraîches.
Faites cuire 15 à 20 minutes dans un four préchauffé
à 180 °C. Alternez les feuilles de lasagnes, les légumes
rôtis et 75 g de mozzarella coupée en dés, en finissant
par la lasagne, comme ci-dessus. Avant de servir,
parsemez de parmesan râpé.

salade de riz et brochettes de poulet

Pour **2 personnes**
Préparation **10 minutes**
 + marinade
Cuisson **15 minutes**

2 blancs de poulet
 sans la peau, coupés
 en longues lanières
2 c. à s. de **babeurre**
le **zeste** râpé et le **jus**
 de ½ **citron vert**
1 gousse d'**ail** pilée
1 pincée de **coriandre
 en poudre**
1 c. à s. de feuilles
 de **coriandre** ciselées

Salade de riz
100 g de **riz basmati**
 et de **riz sauvage**
1 c. à s. d'**huile d'olive**
4 **ciboules** émincées
25 g de **noix de cajou**
 hachées grossièrement
1 poignée de pousses
 d'**épinards**
le **zeste** râpé et le **jus**
 de 1 **orange**
1 c. à s. de **sauce soja**

Mettez le poulet dans un plat non métallique.
Mélangez ensemble le babeurre, le zeste et le jus
de citron vert ainsi que l'ail et la coriandre. Versez
ce mélange sur le poulet, remuez pour bien enduire
la viande et laissez reposer au moins 10 minutes. Vous
pouvez aussi préparer la marinade le matin et laisser
le poulet mariner toute la journée au réfrigérateur.

Faites cuire le riz en suivant les instructions
du paquet. Égouttez-le soigneusement.

Faites chauffer l'huile d'olive dans une petite poêle
à frire. Faites-y revenir les ciboules 1 minute. Mélangez
les ciboules au riz puis ajoutez les noix de cajou, les
épinards, le zeste et le jus d'orange ainsi que la sauce
soja. Réservez.

Enfilez le poulet sur 4 brochettes. Faites cuire 4 à
5 minutes sous le gril d'un four bien chaud, en tournant
les brochettes de temps en temps. Servez le poulet
avec la salade de riz.

Pour une salade de riz à la lotte et aux crevettes,
préparez la marinade comme ci-dessus. Faites mariner
200 g de lotte coupée en morceaux et 12 grandes
crevettes pendant au moins 20 minutes. Préparez la
salade de riz comme ci-dessus. Enfilez les morceaux
de lotte et les crevettes sur 4 brochettes en bambou
préalablement trempées dans l'eau. Faites cuire sous
le gril d'un four bien chaud, en tournant les brochettes
de temps en temps.

ratatouille au poulet

Pour **2 personnes**
Préparation **20 minutes**
Cuisson **20 à 25 minutes**

2 c. à s. d'**huile d'olive**
2 **blancs de poulet** sans
   la peau de 150 g chacun,
   coupés en dés de 2,5 cm
60 g de **courgettes** émincées
75 g d'**aubergine** coupée
   en dés
150 g d'**oignons** émincés
50 g de **poivron vert**
   épépiné et taillé en lanières
75 g de **champignons**
   émincés
400 g de **tomates**
   concassées en boîte
2 gousses d'**ail**
   hachées finement
1 c. à c. de **bouillon**
   de légumes en poudre
1 c. à c. de **basilic** séché
1 c. à c. de **persil** séché
½ c. à c. de **poivre** noir
quelques feuilles de **basilic**
frais, pour décorer

Faites chauffer l'huile d'olive dans une grande poêle à frire. Faites-y revenir le poulet pendant 2 minutes, en remuant sans cesse. Ajoutez les rondelles de courgettes, l'aubergine, l'oignon, le poivron vert et les champignons. Faites cuire environ 15 minutes, en remuant de temps en temps, jusqu'à ce que les légumes soient fondants.

Ajoutez les tomates et remuez délicatement. Ajoutez l'ail, le bouillon en poudre, le basilic, le persil et le poivre puis laissez mijoter environ 5 minutes, sans couvrir, jusqu'à ce que le poulet soit cuit.

Décorez de quelques feuilles de basilic frais et servez.

Pour des poivrons farcis à la ratatouille, préparez la ratatouille comme ci-dessus, en supprimant le poulet. Coupez en deux et épépinez 2 poivrons rouges. Posez-les dans un plat à gratin. Versez la ratatouille dans les moitiés de poivrons. Parsemez de 100 g de mozzarella coupée en petits morceaux. Faites cuire 20 minutes dans un four préchauffé à 180 °C jusqu'à ce que les poivrons soient fondants.

kebabs et pitas au tzatziki

Pour **2 personnes**
Préparation **10 minutes**
Cuisson **5 minutes**

250 g d'**agneau haché**
½ c. à c. de **cumin**
  en poudre
½ c. à c. de **coriandre**
  en poudre
2 c. à s. de feuilles
  de **coriandre** fraîches,
  hachées grossièrement
1 gousse d'**ail** coupée
  en deux
½ petit **oignon** haché
  grossièrement

Tzatziki
4 c. à s. de **yaourt grec**
1 gousse d'**ail** pilée
¼ de **concombre** haché
  finement
1 c. à s. de **persil** ciselé

Préparez le tzatziki. Mélangez ensemble le yaourt, l'ail, le concombre et le persil. Versez ce mélange dans un petit bol et réservez.

Mettez l'agneau haché, le cumin et la coriandre en poudre, les feuilles de coriandre, l'ail et l'oignon dans un robot. Hachez jusqu'à ce que les ingrédients soient bien mélangés (la préparation ne doit pas être lisse).

Divisez le hachis en quatre. Mouillez vos mains puis modelez chaque portion de hachis autour de 4 brochettes en métal ou en bambou, préalablement trempées dans l'eau. Faites cuire 3 à 4 minutes sous le gril d'un four préchauffé, en tournant de temps en temps les brochettes jusqu'à ce que la viande soit dorée et cuite.

Glissez les kebabs dans 2 pitas grillés. Ajoutez de la salade verte croquante, une cuillerée de tatziki et servez.

Pour des hamburgers de porc au tzatziki, mettez dans un robot 250 g de porc haché, ½ cuillerée à café de cumin en poudre, ½ cuillerée à café de coriandre en poudre, 2 cuillerées à soupe de feuilles de coriandre ciselées, 1 gousse d'ail et ½ petit oignon. Hachez brièvement. Divisez le hachis en deux et façonnez 2 boulettes de viande légèrement aplaties. Faites revenir la viande 2 à 3 minutes de chaque côté. Fendez 2 petits pains en deux. Farcissez les petits pains de viande, ajoutez quelques feuilles de salade et une cuillerée de tzatziki.

croquettes de haddock

Pour **2 personnes**
Préparation **10 minutes**
  + réfrigération
Cuisson **40 minutes**

200 g de **haddock**
  sans la peau
200 ml de **lait**
2 **ciboules** émincées
1 c. à s. de **mayonnaise**
1 c. à s. d'**aneth** ciselé
  + quelques brins
  pour décorer
500 g de **pommes de terre**
cuites, écrasées en purée
huile végétale pour la friture

Panure
1 c. à s. de **farine**
1 **œuf** battu
100 g de **chapelure fraîche**

Pommes de terre
2 grosses **pommes de terre**
coupées en quartiers
  et blanchies
1 c. à s. d'**huile d'olive**
3 gousses d'**ail**
  non épluchées
sel et **poivre**

Mettez le haddock dans une cocotte. Arrosez de lait et faites pocher 5 minutes. Jetez le lait et émiettez le poisson. Dans un bol, mélangez le haddock avec les ciboules, la mayonnaise, l'aneth et la purée de pommes de terre.

Façonnez 4 boulettes légèrement aplaties. Tournez-les dans la farine puis dans l'œuf. Pour finir, roulez-les dans la chapelure. Placez-les 30 minutes au réfrigérateur.

Étalez les pommes de terre dans un plat à gratin, avec l'huile d'olive et l'ail. Salez et poivrez. Faites dorer 30 à 40 minutes dans un four préchauffé à 200 °C.

Faites chauffer un peu d'huile dans une poêle. Faites-y revenir les croquettes 1 à 2 minutes de chaque côté. Décorez de quelques brins d'aneth, puis servez avec les pommes de terre et quelques quartiers de citron.

Pour des croquettes de crabe, faites chauffer 1 cuillerée à soupe d'huile d'olive dans une poêle. Faites-y revenir ½ oignon haché et 1 poivron vert en petits morceaux 3 à 4 minutes. Ajoutez 1 gousse d'ail pilée et 2 ou 3 ciboules hachées. Faites cuire encore 3 à 4 minutes. Versez cette préparation dans un bol. Dans un saladier, mélangez 50 g de chapelure avec 125 g de chair de crabe, 1 cuillerée à soupe de sauce Worcestershire, 1 pincée de poivre de Cayenne, 1 ou 2 cuillerées à soupe de persil ciselé et un peu d'œuf battu. Salez. Ajoutez la préparation au poivron. Façonnez 2 boulettes aplaties. Faites chauffer un peu d'huile de tournesol dans une poêle puis faites-y frire les croquettes 4 à 5 minutes de chaque côté.

carrelet pané, sauce tartare

Pour **2 personnes**
Préparation **10 minutes**
Cuisson **10 minutes**

2 **filets de carrelet**
   sans la peau
1 **œuf** battu
2 c. à s. de **polenta**
2 c. à s. de **parmesan** râpé
1 pincée de **poivre**
   de Cayenne
huile végétale pour la friture

Sauce tartare
1 c. à s. de **mayonnaise**
1 c. à s. de **crème fraîche**
1 **cornichon** haché finement
1 c. à s. de **câpres** rincées
   et hachées grossièrement
1 c. à c. d'**aneth** ciselé
le **zeste** râpé et le **jus** de
½ **citron vert**

Préparez la sauce tartare. Dans un petit bol, mélangez ensemble la mayonnaise, la crème fraîche, le cornichon, les câpres, l'aneth, le zeste et le jus de citron vert.

Coupez le carrelet en languettes. Tournez chaque languette dans l'œuf battu. Mélangez la polenta, le parmesan et le poivre de Cayenne. Tournez les languettes de carrelet dans ce mélange en veillant à ce qu'elles soient uniformément panées.

Faites chauffer un fond d'huile dans une poêle à frire. Faites-y revenir les languettes de carrelet pendant 2 à 3 minutes, en les tournant de temps en temps pour éviter qu'elles ne brûlent. Faites cuire en plusieurs fois si nécessaire.

Servez le poisson pané avec une cuillerée de sauce tartare.

Pour du poulet pané aux patates douces, pelez 2 grosses patates douces puis taillez-les en tranches épaisses. Tournez les tranches dans 1 cuillerée à soupe d'huile d'olive, saupoudrez-les de poivre de Cayenne, salez-les légèrement, puis faites-les rôtir 30 minutes dans un four préchauffé à 200 °C. Parsemez de 1 poignée de fines herbes fraîches ciselées. Taillez 2 blancs de poulet en languettes sans la peau. Tournez-les dans l'œuf battu puis dans le mélange parmesan-polenta-poivre de Cayenne. Faites chauffer un peu d'huile végétale dans une poêle à frire. Faites-y cuire le poulet 4 à 5 minutes. Servez ces languettes de poulet panées avec des patates douces aux herbes et une salade verte.

134

moules et pesto à la roquette

Pour **2 personnes**
Préparation **20 minutes**
   + nettoyage des moules
Cuisson **15 à 20 minutes**

1 kg de **moules**
   parfaitement nettoyées
2 c. à s. de **pesto**
   à la roquette (voir ci-contre)

Chapelure au citron
environ 40 g de **pain rassis**
le **zeste** finement râpé
   de ½ **citron**
1 gousse d'**ail** hachée
   finement
1 c. à s. d'**huile d'olive**
1 c. à s. de **persil plat** ciselé
¼ de c. à c. de **piment**
   rouge séché et émietté
   (facultatif)

Préparez la chapelure au citron. Mettez le pain dans un robot propre et bien sec. Hachez-le finement. Ajoutez le zeste de citron, l'ail, l'huile d'olive, le persil et le piment.

Faites chauffer une poêle antiadhésive sur feu doux. Faites-y griller la chapelure 5 minutes environ, en remuant souvent pour éviter qu'elle ne brûle. Ensuite, versez la chapelure dans une assiette recouverte de papier absorbant. Laissez refroidir.

Mélangez les moules parfaitement égouttées avec le pesto dans un saladier bien sec. Remuez soigneusement pour bien enduire les moules. Répartissez les moules sur 2 grands morceaux de papier d'aluminium. Remontez les bords en froissant le papier. Faites chauffer une poêle-gril sur feu moyen. Posez les ballots dans la poêle et faites cuire 15 à 20 minutes jusqu'à ce que les moules soient ouvertes. Éliminez celles qui restent fermées.

Posez les ballots dans des bols chauds. Servez la chapelure à part ainsi que le reste de pesto. Proposez en accompagnement des pointes d'asperges et du pain croustillant.

Pour préparer du pesto à la roquette (300 ml),
hachez dans un robot 300 g de feuilles de roquette hachée, 1 petite gousse d'ail finement hachée, 75 ml d'huile d'olive et 1 ½ cuillerée à soupe de pignons de pin grillés. Versez la préparation dans un bol puis incorporez-y 1 cuillerée à soupe de parmesan râpé, 1 cuillerée à soupe de jus de citron et 50 ml de crème aigre. Salez et poivrez.

toasts patate douce-roquefort

Pour **2 personnes**
Préparation **5 minutes**
Cuisson **12 minutes**

50 ml de **miel** liquide
1 c. à c. de **poivron
    rouge** séché
50 ml d'**huile de sésame**
100 ml d'**huile d'olive**
1 grosse **patate douce**
    pelée et coupée en lamelles
50 g de **pois gourmands**
2 **galettes de pommes
    de terre** (voir ci-contre)
    ou 2 **pitas**
50 g de **roquefort** émietté
sel et **poivre**

Mélangez le miel, le poivron, l'huile de sésame et l'huile d'olive dans un petit bol. Dans un grand saladier, mélangez la patate douce, les pois gourmands et versez la moitié de la sauce au miel. Salez et poivrez.

Étalez les légumes sur une plaque de cuisson de façon que les lamelles de patate ne se chevauchent pas. Faites cuire 8 minutes sous le gril d'un four préchauffé. Remuez de temps en temps.

Quand les légumes ont un peu refroidi, disposez les tranches de patate douce et les pois gourmands sur une des galettes de pommes de terre. Parsemez de roquefort.

Posez l'autre galette de pommes de terre dessus pour former un sandwich. Faites griller 3 à 4 minutes dans un moule à croque-monsieur, en suivant les instructions du fabricant. Coupez le sandwich en deux et servez aussitôt. Proposez éventuellement le reste de sauce au miel dans un petit bol à part.

Pour préparer des galettes de pommes de terre maison, mélangez 50 g de beurre doux et 250 g de farine à levure incorporée. Ajoutez 175 g de purée de pommes de terre et 3 ou 4 cuillerées à soupe de lait. Mélangez jusqu'à obtention d'une pâte souple. Farinez légèrement le plan de travail puis abaissez la pâte au rouleau sur environ 2,5 cm d'épaisseur. Découpez-y 12 disques à l'aide d'un emporte-pièce. Posez les galettes sur une plaque de cuisson légèrement huilée et faites cuire 15 à 18 minutes dans un four préchauffé à 200 °C.

curry de saumon et salade de tomates

Pour **2 personnes**
Préparation **10 minutes**
Cuisson **20 minutes**

1 c. à c. d'**huile végétale**
15 g de **beurre**
1 petit **oignon** émincé
1 gousse d'**ail** hachée
1 c. à c. d'**épices tandoori**
1 bâton de **cannelle**
150 g de **tomates cerises**
   coupées en deux
4 c. à s. de **crème fraîche**
le **zeste** râpé et le **jus**
   de ½ **citron vert**
200 g de **saumon frais**
   sans la peau, coupé
   en morceaux
1 c. à s. de **menthe** ciselée
1 c. à s. de feuilles
   de **coriandre** ciselées

**Salade de tomates
  à l'oignon**
150 g de **tomates** bien
   mûres, coupées
   en tranches fines
1 petit **oignon** rouge émincé
1 poignée de feuilles
   de **coriandre** ciselées
1 c. à c. de **jus de citron**

Faites chauffer l'huile et le beurre dans une petite poêle à frire. Faites-y fondre l'oignon et l'ail pendant 2 à 3 minutes. Ajoutez les épices tandoori et la cannelle puis poursuivez la cuisson 1 minute. Ajoutez les tomates cerises, la crème fraîche, le zeste et le jus de citron vert. Faites chauffer encore 1 minute.

Mettez le saumon dans un plat à gratin. Nappez de sauce, couvrez hermétiquement le plat avec du papier d'aluminium, et faites cuire 15 à 20 minutes dans un four préchauffé à 200 °C jusqu'à ce que le saumon soit juste cuit.

Pendant ce temps, préparez la salade en mélangeant ensemble les tomates, l'oignon et la coriandre. Arrosez de jus de citron.

Servez le saumon parsemé de menthe et de coriandre ciselées avec du riz basmati et la salade de tomates à l'oignon.

Pour un curry au fromage frais, préparez la sauce comme ci-dessus. Coupez 150 g de fromage frais en cubes que vous disposerez dans un plat à gratin. Nappez de sauce, couvrez le plat avec du papier d'aluminium et faites cuire comme ci-dessus. Servez ce curry avec du riz basmati et une salade de tomates.

croquettes de crevettes

Pour **2 personnes**
Préparation **10 minutes**
Cuisson **5 minutes**

300 g de grosses **crevettes**
  décortiquées
2 **ciboules** hachées
  grossièrement
le **zeste** râpé
  de ½ **citron vert**
1 c. à s. de feuilles
  de **coriandre** ciselées
1 c. à c. de **nuoc-mâm**
1 c. à s. de **fécule de maïs**
huile d'arachide
  pour la friture

Sauce pimentée douce
2 c. à s. de **vinaigre de riz**
1 c. à s. de **sucre**
  en poudre
1 **piment rouge** haché
  finement
½ **oignon rouge** haché
  finement
1 c. à s. de feuilles
  de **coriandre** ciselées

Mettez les crevettes, les ciboules, le zeste de citron vert, la coriandre et le nuoc-mâm dans un robot. Hachez les ingrédients 20 secondes (le mélange ne doit pas être lisse).

Façonnez 12 boulettes que vous roulerez légèrement dans la fécule de maïs. Faites chauffer un peu d'huile dans une poêle antiadhésive. Faites-y dorer les croquettes 2 à 3 minutes. Épongez-les sur du papier absorbant.

Pendant ce temps, préparez la sauce pimentée douce. Faites chauffer le vinaigre et le sucre dans une petite casserole sur feu doux. Quand le sucre est dissous, augmentez le feu et faites bouillir quelques minutes jusqu'à ce que le mélange devienne sirupeux. Ajoutez le piment et l'oignon puis laissez refroidir. Ajoutez les feuilles de coriandre.

Servez les croquettes de crevettes avec la sauce pimentée à part dans un petit bol. Proposez une salade verte bien croquante en accompagnement si vous le souhaitez.

Pour des croquettes de cabillaud, hachez 300 g de filets de cabillaud (ou d'un autre poisson blanc à chair ferme) avec les ciboules, le zeste de citron vert, la coriandre ciselée et le nuoc-mâm, comme ci-dessus. Façonnez 12 boulettes que vous roulerez légèrement dans la fécule de maïs. Faites frire dans un fond d'huile végétale et servez avec la sauce pimentée (préparée comme ci-dessus), ainsi que du riz vapeur ou des pitas réchauffés.

halloumi chaud et salade fattoush

Pour **2 personnes**
Préparation **10 minutes**
Cuisson **2 à 4 minutes**

2 c. à c. d'**huile d'olive**
250 g d'**halloumi** coupé
en tranches épaisses

Salade fattoush
75 g de **poivron rouge**
émincé
75 g de **poivron jaune**
émincé
75 g de **concombre** haché
75 g de **ciboules** hachées
finement
2 c. à s. de **persil plat** ciselé
2 c. à s. de **menthe** ciselée
2 c. à s. de feuilles
de **coriandre** ciselées

Sauce
1 c. à c. d'**ail** pilé
2 c. à s. d'**huile d'olive**
4 c. à s. de **jus de citron**
sel et **poivre**

Faites chauffer l'huile d'olive dans une poêle antiadhésive. Faites-y frire les tranches d'halloumi à feu moyen-vif, 1 à 2 minutes de chaque côté, jusqu'à ce qu'elles soient bien dorées. Réservez au chaud.

Préparez la salade fattoush. Dans un saladier, mélangez ensemble le poivron rouge, le poivron jaune, le concombre, les ciboules, le persil, la menthe et la coriandre.

Préparez la sauce. Dans un bol, mélangez l'ail avec l'huile d'olive et le jus de citron. Salez et poivrez selon votre goût.

Versez la sauce sur la salade et remuez légèrement. Posez les tranches d'halloumi sur la salade et servez.

Pour une salade fattoush au poulet, remplacez l'halloumi par 2 blancs de poulet sans la peau, coupés en deux horizontalement. Faites chauffer 1 cuillerée à café d'huile d'olive dans une poêle à frire puis faites-y cuire le poulet 2 minutes de chaque côté. Maintenez le poulet au chaud pendant que vous préparez la salade et la sauce. Servez les blancs de poulet chauds sur la salade.

aiglefin, laitue et petits pois braisés

Pour **2 personnes**
Préparation **5 minutes**
Cuisson **10 minutes**

1 c. à s. d'**huile d'olive**
2 **filets d'aiglefin**
  sans la peau
1 **sucrine** coupée en quatre
100 ml de **fumet**
  de poisson
200 g de **petits pois** surgelés
1 c. à s. de **menthe** ciselée
4 c. à s. de **crème fraîche**

Faites chauffer l'huile d'olive dans une poêle antiadhésive. Faites-y cuire le poisson 1 minute de chaque côté. Ajoutez les quartiers de sucrine, le fumet de poisson et les petits pois. Couvrez et laissez mijoter 4 minutes.

Ajoutez la menthe et la crème fraîche puis réchauffez le tout sans couvrir. Servez en accompagnement des pommes de terre nouvelles cuites à la vapeur si vous le souhaitez.

Pour une recette de poulet, laitue et petits pois braisés, préparez d'abord du bouillon de poule maison. Dans une cocotte à fond épais, mettez 1 grosse carcasse de poulet, les abattis si vous en avez (à l'exception du foie), 1 oignon coupé en morceaux, 1 branche de céleri taillée en gros tronçons, 1 bouquet garni ou 3 feuilles de laurier et 1 cuillerée à café de grains de poivre noir. Versez 1,8 litre d'eau froide dans la cocotte et portez à ébullition. Réduisez le feu et laissez frémir 1 heure 30, en écumant de temps en temps. Filtrez le bouillon à l'aide d'un grand tamis. Ne pressez pas les légumes pour en extraire le jus car le bouillon se troublerait. Laissez refroidir complètement puis placez au réfrigérateur. Avant utilisation, retirez la graisse figée à la surface. En suivant cette recette, vous obtiendrez environ 1 litre de bouillon. Pendant que le bouillon frémit, faites chauffer 1 cuillerée à soupe d'huile d'olive dans une poêle antiadhésive. Faites-y cuire 2 blancs de poulet sans la peau (environ 150 g chacun). Ajoutez la sucrine et les petits pois comme ci-dessus, ainsi que 100 ml de bouillon de poule. Ajoutez la menthe et la crème fraîche, faites chauffer à feu doux puis servez.

pâtes aux saucisses et au brocoli

Pour **2 personnes**
Préparation **5 minutes**
Cuisson **10 à 15 minutes**

175 g de **pâtes**
de votre choix
250 g de **brocoli** détaillé
en bouquets
1 c. à s. d'**huile d'olive**
4 **saucisses de porc**
de qualité
1 pincée de **flocons
de piment séchés**
6 c. à s. de **bouillon
de légumes** (voir page 94)
2 c. à s. de **parmesan** râpé

Faites cuire les pâtes dans de l'eau bouillante en suivant les instructions du paquet. Jetez les petits bouquets de brocoli dans l'eau, environ 3 minutes avant la fin de la cuisson des pâtes.

Pendant ce temps, faites chauffer l'huile d'olive dans une poêle à frire. Faites-y cuire les saucisses à feu moyen 4 à 5 minutes jusqu'à ce qu'elles soient bien dorées. Coupez chaque saucisse en 4 ou en 5 morceaux que vous remettrez dans la poêle. Ajoutez le piment, le bouillon de légumes et faites cuire encore 2 minutes.

Égouttez les pâtes et le brocoli. Ajoutez-leur les saucisses pimentées et le bouillon. Remuez. Parsemez de parmesan et faites éventuellement griller 2 à 3 minutes sous le gril d'un four préchauffé.

Pour une variante méditerranéenne, faites cuire les pâtes comme ci-dessus en ajoutant les bouquets de brocoli 3 minutes avant la fin de la cuisson. Faites chauffer 1 cuillerée à soupe d'huile d'olive dans une poêle. Faites-y dorer 150 g de rondelles de chorizo pendant environ 5 minutes. Ajoutez 6 cuillerées à soupe de bouillon de bœuf ou de volaille, ainsi que le piment. Juste avant de servir, ajoutez 100 g de tomates cerises coupées en deux.

ragoût saucisses-chorizo-haricots

Pour **2 personnes**
Préparation **10 minutes**
Cuisson **25 minutes**

1 c. à s. d'**huile d'olive**
75 g de **chorizo**
   coupé en rondelles
1 petit **oignon** émincé
1 gousse d'**ail** émincée
½ c. à c. de **paprika**
4 **saucisses de porc**
   de qualité
200 g de **tomates cerises**
200 ml de **bouillon de bœuf**
400 g de **haricots blancs**
   en boîte, rincés et égouttés
1 c. à s. de **persil** ciselé,
   pour décorer

Ciabatta à l'ail
2 petites **ciabattas**
   individuelles
40 g de **beurre**
   en pommade
1 gousse d'**ail** pilée
1 c. à s. de **fines herbes**
   ciselées (persil, ciboulette
   et thym, par exemple)
½ petit **piment rouge**
   haché finement

Faites chauffer l'huile d'olive dans une grande cocotte. Faites-y revenir les rondelles de chorizo, l'oignon, l'ail et le paprika pendant 2 minutes jusqu'à ce que l'oignon commence à ramollir. Transvasez la préparation dans un récipient et réservez.

Faites revenir les saucisses dans la cocotte pendant 2 à 3 minutes jusqu'à ce qu'elles soient bien dorées. Remettez le mélange à l'oignon dans la cocotte avec les tomates, le bouillon de bœuf et les haricots. Portez à ébullition, couvrez puis glissez la cocotte dans un four préchauffé à 180 °C. Faites cuire 20 minutes.

Pendant ce temps, faites 5 profondes entailles dans chaque ciabatta. Dans un bol, mélangez le beurre avec l'ail, les fines herbes et le piment. Pressez ce mélange dans les entailles. Emballez les petits pains dans du papier d'aluminium et glissez-les dans le four 10 à 15 minutes avant la fin de la cuisson du ragoût.

Parsemez le ragoût de persil ciselé puis servez avec les petits pains à l'ail.

Pour un ragoût aux haricots et aux pommes de terre, supprimez le chorizo et faites revenir l'oignon, l'ail et le paprika comme ci-dessus. Ajoutez les tomates, 200 ml de bouillon de légumes (voir page 94) et les haricots blancs, ainsi que 250 g de pommes de terre nouvelles, cuites et coupées en deux, et 125 g de haricots verts coupés en deux. Faites cuire au four comme ci-dessus, parsemez de persil ciselé et servez aussitôt.

gratin de poireaux au Serrano

Pour **2 personnes**
Préparation **10 minutes**
Cuisson **20 minutes**

12 **jeunes poireaux** parés
   et nettoyés
6 tranches de **Serrano**
15 g de **beurre**
15 g de **farine ordinaire**
300 ml de **lait entier**
50 g de **chapelure**
   de pain aux céréales
50 g de **gruyère**
8 **tomates cerises**
   coupées en deux (facultatif)

Faites cuire les poireaux à la vapeur pendant 2 à
3 minutes jusqu'à ce qu'ils soient fondants. Coupez
les tranches de jambon en deux. Emballez les poireaux
dans le jambon puis rangez-les dans un plat à gratin.

Faites fondre le beurre dans une petite casserole.
Ajoutez la farine et faites revenir 1 minute, en remuant
constamment. Versez progressivement le lait, sans
cesser de remuer jusqu'à obtention d'une sauce lisse.
Laissez frémir 1 minute puis nappez les poireaux
de ce mélange.

Mélangez ensemble la chapelure et le gruyère.
Répartissez ce mélange sur la sauce. Parsemez
de tomates cerises si vous en utilisez, côté coupé
vers le haut, puis faites cuire 20 minutes dans un four
préchauffé à 200 °C jusqu'à ce que la préparation
bouillonne et dore.

Pour un gratin de brocoli, faites cuire 100 g de
brocoli à la vapeur. Rangez les bouquets de brocoli
dans un petit plat à gratin. Préparez la béchamel
comme ci-dessus puis nappez-en le brocoli. Mélangez
ensemble 50 g de chapelure fraîche et 50 g de bleu
crémeux. Répartissez ce mélange sur la béchamel
et faites cuire comme ci-dessus.

boulettes de bœuf au basilic

Pour **2 personnes**
Préparation **10 minutes**
Cuisson **20 minutes**

Boulettes de viande
250 g de **bœuf maigre haché**
1 c. à s. de **parmesan** râpé
1 c. à s. de **pesto**
(voir pages 12 et 13)
1 **jaune d'œuf**
1 c. à s. de **chapelure fraîche**
1 c. à s. d'**huile d'olive**

Sauce
1 petit **oignon rouge** haché
1 gousse d'**ail** pilée
200 g de **tomates concassées** en boîte
2 c. à s. de **crème liquide**
1 poignée de feuilles de **basilic** froissées

Dans un saladier, mélangez ensemble le bœuf haché, le parmesan, le pesto, le jaune d'œuf et la chapelure. Passez vos mains sous l'eau puis façonnez 20 boulettes.

Faites chauffer l'huile d'olive dans une poêle à frire. Faites-y cuire les boulettes pendant 2 à 3 minutes jusqu'à ce qu'elles soient bien dorées. Sortez les boulettes de la poêle et égouttez-les sur du papier absorbant.

Faites revenir l'oignon et l'ail dans la poêle pendant 2 à 3 minutes. Ajoutez les tomates, portez à ébullition et laissez frémir 5 minutes. Incorporez la crème liquide.

Remettez les boulettes dans la poêle et faites chauffer encore 5 minutes. Ajoutez les feuilles de basilic.

Servez les boulettes nappées de sauce, éventuellement accompagnées de pâtes et d'une salade verte.

Pour des boulettes pimentées au porc, mélangez 250 g de viande de porc maigre hachée avec le parmesan, le pesto, le jaune d'œuf et la chapelure. Façonnez 20 boulettes et faites-les cuire comme ci-dessus. Préparez la sauce avec 1 oignon, 1 gousse d'ail, les tomates concassées et la crème fraîche, ainsi qu'un piment vert épépiné et haché finement. Faites cuire comme ci-dessus. Servez ces boulettes éventuellement accompagnées de riz vapeur et d'une salade verte.

biftecks grillés et beurre aux herbes

Pour **2 personnes**
Préparation **10 minutes**
Cuisson **10 minutes**

2 **biftecks dans l'aloyau**
1 c. à c. d'**huile végétale**
sel et **poivre**

Beurre aux fines herbes
25 g de **beurre doux**
  légèrement ramolli
3 **filets d'anchois** égouttés
  et hachés finement
1 c. à s. de **fines herbes**
  ciselées (ciboulette, persil
  et coriandre, par exemple)

Badigeonnez les biftecks d'huile végétale. Salez et poivrez. Faites chauffer une poêle à frire ou une poêle-gril. Quand la poêle est bien chaude, faites-y revenir les biftecks 2 minutes de chaque côté (adaptez le temps de cuisson selon votre goût).

Écrasez le beurre avec les filets d'anchois et les fines herbes. Étalez ce beurre sur les biftecks et servez aussitôt avec une salade d'endives au roquefort (voir ci-dessous) et éventuellement quelques pommes de terre nouvelles.

Pour préparer une salade d'endives au roquefort

à servir en accompagnement, mélangez ensemble, dans un saladier, 2 endives effeuillées, 75 g de roquefort émietté et 25 g de noisettes grillées et hachées grossièrement. Arrosez d'un filet d'huile d'olive.

calamars et mayonnaise ail-citron vert

Pour **2 personnes**
Préparation **10 minutes**
Cuisson **10 minutes**

2 c. à s. de **farine ordinaire**
1 bonne pincée de **flocons de piment séchés**
8 petits **calamars** coupés en anneaux
huile végétale pour la friture
1 c. à s. de **jus de citron**

Mayonnaise ail-citron vert
1 gousse d'**ail** pilée
1 **jaune d'œuf**
100 ml d'**huile d'olive**
le **zeste** finement râpé et le **jus** de ½ **citron vert** ou **citron**
1 c. à s. de **fines herbes** ciselées (coriandre et persil, par exemple)

Préparez la mayonnaise ail-citron vert. Mettez l'ail, le jaune d'œuf, le zeste et le jus de citron vert dans un robot. Mixez puis versez l'huile en filet, sans couper le moteur, jusqu'à obtention d'une mayonnaise épaisse. Incorporez les fines herbes.

Mélangez ensemble la farine et le piment. Tournez les calamars dans ce mélange. Faites chauffer l'huile dans une poêle à frire. Faites-y cuire les calamars en plusieurs fois jusqu'à ce qu'ils soient bien dorés. Arrosez-les de jus de citron. Servez ces calamars avec la mayonnaise et éventuellement une salade verte.

Pour une variante aux crevettes, mélangez dans un grand saladier 1 gousse d'ail pilée, ½ cuillerée à café de paprika, ½ piment rouge épépiné et haché finement, 1 cuillerée à soupe d'huile d'olive et un peu de sel. Ajoutez 250 g de grosses crevettes non décortiquées. Remuez. Faites chauffer une grande poêle antiadhésive. Faites-y cuire les crevettes en plusieurs fois (elles ne doivent pas se superposer), pendant 2 à 3 minutes. Tournez les crevettes et poursuivez la cuisson 1 à 2 minutes. Transvasez les crevettes dans un plat chaud et servez aussitôt avec la mayonnaise ail-citron vert ci-dessus.

occasions spéciales

hamburgers agneau tomates rôties

Pour **2 personnes**
Préparation **12 minutes**
+ réfrigération
Cuisson **1 heure 15**

275 g d'**agneau haché**
de qualité
40 g d'**abricots secs**
hachés finement
1 à 2 c. à s. de feuilles
de **coriandre** ciselées
1 c. à s. de **persil plat** ciselé
1 gousse d'**ail** pilée
1 c. à c. de **cumin en poudre**
1 bonne pincée de **poivre
de Cayenne**
1 bonne pincée de **curcuma**
sel et **poivre**

Tomates rôties
3 **tomates allongées** (type
roma) de taille moyenne,
coupées en deux
1 bonne pincée de **paprika**
1 gousse d'**ail** hachée
2 c. à c. d'**huile d'olive**

Pour servir
2 **petits pains**
quelques **feuilles de salade**

Disposez les tomates sur une plaque de cuisson antiadhésive légèrement huilée, côté coupé vers le haut. Saupoudrez de paprika et parsemez d'ail. Salez et poivrez. Arrosez d'huile d'olive et faites rôtir 1 heure dans un four préchauffé à 150 °C. Sortez la plaque du four puis réservez.

Dans un grand saladier, mélangez l'agneau haché, les abricots secs, les fines herbes, l'ail et les épices. Salez et poivrez. Divisez la préparation en deux et façonnez 2 galettes légèrement aplaties. Couvrez et placez 30 minutes au réfrigérateur.

Faites chauffer une poêle ou un gril. Badigeonnez les galettes de viande avec un peu d'huile puis posez-les dans la poêle ou sur le gril bien chaud. Faites cuire 5 minutes de chaque côté (adaptez le temps de cuisson selon votre goût).

Fendez les petits pains en deux. Faites-les griller puis garnissez-les de quelques feuilles de salade, d'une galette de viande et des tomates rôties.

Pour des hamburgers agneau mozzarella,
préparez 275 g d'agneau haché comme ci-dessus. Divisez la préparation en deux puis façonnez 2 galettes en emprisonnant, à l'intérieur de la farce, 15 g de mozzarella et 3 feuilles de coriandre fraîches. Aplatissez légèrement les galettes puis faites-les cuire. Poursuivez comme ci-dessus.

risotto crevettes petits pois citron

Pour **2 personnes**
Préparation **10 minutes**
Cuisson **20 minutes**

1 c. à c. d'**huile d'olive**
½ petit **oignon** haché
finement
1 gousse d'**ail** hachée
finement
125 g de **riz à risotto**
1 c. à s. de **vin blanc**
400 ml de **fumet de poisson**
chaud
le **zeste** râpé et le **jus**
de ½ **citron**
250 g de grandes **crevettes**
cuites
150 g de **petits pois** surgelés
15 g de **beurre**
2 c. à s. de **parmesan** râpé
1 c. à s. de **persil** ciselé
sel et **poivre**

Faites chauffer l'huile d'olive dans une poêle à frire. Faites-y fondre l'oignon et l'ail 2 à 3 minutes. Ajoutez le riz et remuez pendant 1 minute pour que tous les grains soient brillants. Versez le vin et faites cuire encore 1 minute. Ajoutez progressivement le fumet de poisson, une louche à la fois, en remuant constamment. Attendez que tout le liquide ait été absorbé avant d'en ajouter une nouvelle louche.

Ajoutez les crevettes, les petits pois, le zeste et le jus de citron au même moment que la dernière louche de fumet. Faites cuire tout en remuant jusqu'à ce que les crevettes et les petits pois soient chauds. Hors du feu, incorporez le beurre, le parmesan et le persil. Salez et poivrez puis servez.

Pour un risotto au brocoli et aux fèves, faites revenir l'oignon, l'ail et le riz comme ci-dessus. Ajoutez ensuite 1 cuillerée à soupe de vin blanc et 400 ml de bouillon de légumes (voir page 94). Lorsque tout le bouillon a été absorbé, ajoutez 125 g de brocoli détaillé en petits bouquets et 40 g de fèves surgelées. Quand le brocoli et les fèves sont cuits, au bout d'environ 4 à 5 minutes, retirez la poêle du feu et incorporez 15 g de beurre, 2 cuillerées à soupe de parmesan râpé et 1 cuillerée à soupe de persil plat ciselé.

limandes en papillote et asperges

Pour **2 personnes**
Préparation **10 minutes**
Cuisson **20 minutes**

15 g de **beurre doux**
en pommade
1 c. à s. de **fines herbes**
ciselées (persil, thym et
ciboulette, par exemple)
4 filets de **limandes-soles**
sans la peau
4 **ciboules** émincées
1 **carotte** taillée en allumettes
1 c. à s. de **vin blanc**
le **zeste** finement râpé
de ½ **citron**
sel et **poivre**

Asperges sautées
15 g de **beurre doux**
1 à 2 c. à c. d'**huile d'olive**
125 g d'**asperges vertes**
parées
copeaux de **parmesan**

Mélangez le beurre et les fines herbes. Étalez ce mélange sur les filets de limandes-soles, sur une seule face. Enroulez les filets en emprisonnant le beurre.

Découpez 4 carrés de papier sulfurisé de 25 cm de côté. Répartissez les ciboules et la carotte au centre de 2 carrés. Déposez les filets de limandes sur les légumes. Arrosez avec un filet de vin et parsemez de zeste de citron. Salez et poivrez. Posez les 2 autres carrés de papier sur le tout et ourlez les bords pour que les papillotes soient bien hermétiques.

Posez les papillotes sur une plaque de cuisson et faites cuire 20 minutes dans un four préchauffé à 200 °C.

Faites cuire les asperges. Faites chauffer le beurre et l'huile dans une poêle. Faites-y revenir les asperges 2 à 3 minutes. Assaisonnez. Disposez les asperges sur des assiettes chaudes. Parsemez de copeaux de parmesan.

Pour des asperges à l'estragon et au citron,
préparez une sauce en mélangeant 1 cuillerée à soupe de vinaigre à l'estragon, le zeste râpé de ½ citron, ¼ de cuillerée à café de moutarde de Dijon, 1 pincée de sucre, 1 cuillerée à soupe d'estragon ciselé et 2 à 3 cuillerées à soupe d'huile d'olive. Salez et poivrez. Faites chauffer 1 cuillerée à soupe d'huile d'olive dans une poêle. Faites-y cuire 250 g d'asperges parées pendant 5 minutes, en remuant de temps en temps. Transvasez les asperges dans un plat de service peu profond. Nappez de sauce et laissez reposer 5 minutes avant de servir.

saumon au gingembre

Pour **2 personnes**
Préparation **10 minutes**
Cuisson **6 à 10 minutes**

3 ou 4 **ciboules** émincées
1 cm de **gingembre** frais,
    pelé et taillé en languettes
1 c. à s. de **Canada Dry**
1 c. à s. de **sauce soja** claire
2 **filets de saumon**,
    sans la peau,
    de 125 g chacun

Mélangez les ciboules, le gingembre, le Canada Dry et la sauce soja.

Mettez le saumon dans une poêle à frire et faites-le cuire à couvert, 3 à 5 minutes de chaque côté, avec le mélange ciboules-gingembre. Ajoutez un peu d'eau si nécessaire.

Servez le saumon avec les ciboules au gingembre. Proposez en accompagnement du chou et des pois gourmands cuits à la vapeur, ainsi que des pommes de terre nouvelles cuites avec leur peau.

Pour du saumon à la crème et au poivre, pressez 2 filets de saumon dans 1 cuillerée à soupe de grains de poivre broyés. Faites chauffer 1 cuillerée à soupe d'huile d'olive dans une poêle. Faites-y cuire le saumon 2 minutes de chaque côté. Ajoutez 4 cuillerées à soupe de crème fraîche et faites chauffer à feu doux. Servez ce saumon à la crème avec des pommes de terre nouvelles et des légumes verts cuits à la vapeur.

porc farci à l'abricot et à la sauge

Pour **2 personnes**
Préparation **10 minutes**
Cuisson **20 minutes**

300 g de **filet mignon
de porc**
1 c. à s. d'**huile d'olive**
1 petit **oignon** émincé
6 **abricots secs** hachés
finement
1 c. à s. de **sauge** ciselée
1 c. à s. de **pignons de pin**
quelques feuilles de **sauge**
pour décorer

Purée de haricots blancs
400 g de **haricots blancs**
en boîte, rincés et égouttés
1 gousse d'**ail** émincée
100 ml de **bouillon
de poule** (voir page 146)
2 c. à s. de **crème fraîche**
sel et **poivre**

Faites une profonde entaille le long du filet mignon.
Faites chauffer la moitié de l'huile d'olive dans une
poêle antiadhésive. Faites-y fondre l'oignon 2 à
3 minutes. Ajoutez les abricots secs, la sauge
et les pignons puis faites revenir 1 minute.

Farcissez le filet mignon de la préparation aux
abricots. Fermez avec des pics en bois ou de la ficelle.
Faites chauffer le reste d'huile dans une poêle. Faites-y
dorer le filet de porc quelques minutes. Ensuite, posez
la viande dans un plat à gratin puis faites rôtir 10 à
15 minutes dans un four préchauffé à 200 °C.

Faites mijoter les haricots, l'ail et le bouillon dans
une cocotte 5 minutes. Ajoutez la crème fraîche. Salez
et poivrez. Écrasez les haricots avec un presse-purée.
Servez la purée de haricots avec le porc farci. Décorez
de feuilles de sauge.

Pour du filet de porc aux abricots, coupez 350 g
de filet mignon en 6 tranches. Faites-les cuire dans
une poêle-gril bien chaude 7 à 8 minutes. Transvasez
le porc dans un plat à gratin et maintenez au chaud.
Coupez 1 oignon rouge en quartiers. Faites revenir
l'oignon dans la poêle pendant 5 minutes puis ajoutez-
le dans le plat à gratin. Coupez 4 abricots en deux et
dénoyautez-les. Faites-les cuire dans la poêle, 5 minutes
de chaque côté, en ajoutant un brin de thym 1 minute
avant la fin de la cuisson. Ajoutez les abricots et le thym
dans le plat à gratin. Mélangez 2 cuillerées à soupe
d'huile d'olive et 2 cuillerées à café de vinaigre de cidre.
Arrosez le porc de ce mélange. Servez avec du riz.

filet de bœuf et pesto aux noix

Pour **2 personnes**
Préparation **5 minutes**
Cuisson **5 minutes**

2 tranches de **filet de bœuf**
    de 200 g chacune
50 g de **noix** grillées
3 c. à s. de **fines herbes**
    ciselées (coriandre, persil
    et basilic, par exemple)
2 c. à s. de **parmesan** râpé
1 gousse d'**ail**
2 c. à s. d'**huile d'olive**
sel et **poivre**

Faites chauffer un gril ou une poêle à fond épais.
Salez et poivrez la viande puis faites-la cuire 2 minutes
de chaque côté (adaptez le temps de cuisson selon
la cuisson désirée).

Pendant ce temps, mettez les noix, les fines herbes,
le parmesan, l'ail et l'huile dans un robot. Hachez
rapidement les ingrédients (le mélange ne doit pas
être lisse).

Nappez les tranches de bœuf de pesto aux noix.
Servez, pour accompagner, des pommes de terre
nouvelles et des pois gourmands cuits à la vapeur.

Pour préparer des légumes grillés à déguster
avec du pesto aux noix, préparez le pesto comme
ci-dessus. Faites chauffer une poêle-gril. Faites-y cuire
1 poivron rouge coupé en deux et épépiné, 1 aubergine
coupée en deux, 2 oignons rouges coupés en quartiers
et 6 asperges. Servez ces légumes sur un lit de semoule
et proposez le pesto aux noix en accompagnement.

172

champignons farcis au tofu

Pour **2 personnes**
Préparation **15 minutes**
Cuisson **18 à 20 minutes**

600 ml d'**eau bouillante**
2 c. à c. de **bouillon
de légumes** en poudre
4 gros **champignons
à farcir**, sans les pieds
2 c. à s. d'**huile d'olive**
75 g d'**oignon rouge** haché
finement
2 c. à s. de **pignons de pin**
250 g de **tofu** coupé en dés
½ c. à c. de **poivre
de Cayenne**
2 c. à s. de **basilic** ciselé
50 g de **parmesan** râpé
finement
175 g de pousses d'**épinards**
sel et **poivre**

Versez l'eau bouillante et le bouillon en poudre dans
une grande cocotte. Faites-y pocher les champignons
2 à 3 minutes. Épongez-les sur du papier absorbant.

Faites chauffer 1 cuillerée à soupe d'huile d'olive
dans une poêle à frire. Faites-y fondre l'oignon à feu
doux. Retirez la poêle du feu et laissez refroidir.

Faites griller les pignons à sec dans une autre poêle.
Quand ils sont bien dorés, retirez la poêle du feu
puis ajoutez l'oignon, le tofu, le poivre de Cayenne,
le basilic et le reste d'huile. Salez et poivrez.

Disposez les champignons dans un petit plat à gratin,
côté lamelles vers le haut. Parsemez les champignons de
parmesan râpé. Farcissez-les ensuite de la préparation
à l'oignon. Faites griller environ 10 minutes sous le gril
d'un four préchauffé.

Répartissez les pousses d'épinards sur 2 assiettes.
Posez les champignons farcis sur les épinards
(la chaleur des champignons fera ramollir les épinards).

Pour des pâtes au tofu et aux champignons, faites
cuire 300 g de pâtes dans de l'eau bouillante. Égouttez-
les. Pendant ce temps, coupez 2 gros champignons
à farcir en tranches. Faites chauffer 1 cuillerée à soupe
d'huile d'olive dans une poêle. Faites-y revenir les
champignons avec 40 g d'oignon rouge haché. Versez
la préparation sur les pâtes, ainsi que tous les autres
ingrédients de la recette. Incorporez 3 cuillerées à soupe
de crème épaisse, réchauffez à feu doux puis servez.

agneau à la marocaine et couscous

Pour **2 personnes**
Préparation **10 minutes**
+ marinade
Cuisson **5 minutes**

4 **côtelettes d'agneau**
  ou 2 **tranches de gigot**
2 c. à c. de **ras el-hanout**
le **zeste** râpé et le **jus**
  de ½ **citron**
1 gousse d'**ail** pilée
1 c. à s. d'**huile d'olive**

Couscous
300 ml de **bouillon**
  de poule bouillant
  (voir page 146)
150 g de **semoule**
4 **abricots** frais ou secs,
  hachés
50 g d'**amandes** blanchies
  et grillées, hachées
  grossièrement
2 c. à s. de feuilles
  de **coriandre** ciselées
sel et **poivre**

Disposez les côtelettes d'agneau (ou les tranches de gigot) dans un plat non métallique. Mélangez ensemble le ras el-hanout, le zeste et le jus de citron, l'ail et l'huile. Salez et poivrez. Badigeonnez les côtelettes de ce mélange. Laissez mariner au moins 1 heure.

Faites cuire l'agneau sous le gril d'un four bien chaud, environ 2 minutes de chaque côté, jusqu'à ce qu'il soit doré et cuit à votre convenance.

Pendant ce temps, versez le bouillon de poule sur la semoule, couvrez hermétiquement et laissez reposer 5 minutes. Aérez la semoule avec une fourchette.

Ajoutez les abricots, les amandes et la coriandre à la semoule. Mélangez et servez avec les côtelettes d'agneau.

Pour un couscous aux légumes grillés, mélangez 150 g de semoule et 300 ml de bouillon de légumes bouillant. Coupez 1 poivron rouge et ½ poivron jaune en morceaux. Coupez 3 petites courgettes en deux et 1 oignon rouge en quartiers. Mettez ces légumes dans un plat à gratin avec 12 tomates cerises et 1 gousse d'ail émincée. Arrosez avec 1 cuillerée à soupe d'huile d'olive. Faites cuire 5 à 6 minutes sous le gril d'un four bien chaud, en remuant de temps en temps. Ajoutez 50 g d'asperges parées et poursuivez la cuisson 2 à 3 minutes. Avec une fourchette, mélangez la semoule avec le zeste râpé et le jus de ½ citron. Servez la semoule avec les légumes au four.

soufflés au bleu

Pour **2 personnes**
Préparation **10 minutes**
Cuisson **15 minutes**

15 g de **beurre** + 1 noisette
pour les moules
1 c. à s. de **parmesan** râpé
15 g de **farine ordinaire**
100 ml de **lait**
50 g de **bleu** émietté
1 **œuf**, blanc et jaune séparés

Beurrez 2 ramequins d'une contenance de 150 ml. Tapissez le fond et les bords de parmesan râpé.

Faites fondre le beurre dans une petite casserole. Jetez-y la farine puis fouettez jusqu'à obtention d'une pâte lisse. Ajoutez progressivement le lait, sans cesser de fouetter, jusqu'à épaississement. Laissez refroidir légèrement avant d'incorporer le bleu et le jaune d'œuf.

Montez le blanc d'œuf en neige souple dans un récipient parfaitement propre. Incorporez délicatement le blanc battu à la préparation au fromage puis répartissez le mélange dans les ramequins. Faites cuire environ 15 minutes dans un four préchauffé à 200 °C jusqu'à ce que les soufflés soient bien gonflés et dorés. Servez ces petits soufflés avec une salade de cresson (voir ci-dessous) et du pain croustillant.

Pour une salade de cresson à la pomme à servir en accompagnement, mélangez ensemble dans un petit bol 2 cuillerées à soupe de jus de citron, ½ cuillerée à café de moutarde de Dijon, 1 cuillerée à café de miel liquide et 1 cuillerée à café d'huile d'olive. Coupez 1 pomme en tranches fines que vous mélangerez à 50 g de cresson. Versez la sauce sur la salade, remuez et servez.

aubergine aux pignons

Pour **2 personnes**
Préparation **30 minutes**
   + réfrigération
Cuisson **12 à 15 minutes**

1 c. à s. de **pignons de pin**
1 longue **aubergine**
   bien charnue
125 g de **mozzarella**
1 grosse **tomate**
   ou 2 petites
8 grandes feuilles de **basilic**
   + quelques-unes
   pour décorer
1 c. à s. d'**huile d'olive**
sel et **poivre**

Sauce aux tomates séchées
2 c. à s. d'**huile d'olive**
1 c. à c. de **vinaigre**
   balsamique
1 c. à c. de **purée**
   de tomates séchées
1 c. à c. de **jus de citron**

Préparez la sauce en fouettant tous les ingrédients dans un petit bol. Réservez. Faites griller les pignons à sec dans une poêle bien chaude. Réservez.

Coupez la queue de l'aubergine puis détaillez-la en 8 tranches, dans le sens de la longueur. Plongez les tranches dans une cocotte d'eau bouillante salée et faites-les cuire 2 minutes. Égouttez-les puis épongez-les sur du papier absorbant. Coupez la mozzarella en 4 tranches et la tomate en 8.

Posez les tranches d'aubergine dans un plat à gratin, en formant 4 X. Posez une tranche de tomate au centre de chaque X. Salez, poivrez, puis ajoutez une feuille de basilic, une tranche de mozzarella et une autre feuille de basilic. Salez et poivrez à nouveau, puis terminez avec une autre tranche de tomate. Repliez les tranches d'aubergine sur la garniture de manière à former 4 petits paquets. Couvrez et placez 20 minutes au réfrigérateur.

Badigeonnez les petits paquets d'huile d'olive. Glissez le plat sous le gril d'un four préchauffé et faites griller 10 minutes. Tournez les petits paquets à mi-cuisson. Arrosez de sauce, parsemez de pignons grillés, décorez de quelques feuilles de basilic puis servez.

Pour préparer des bruschettas à l'ail à servir en accompagnement, arrosez 4 tranches de ciabatta avec 1 cuillerée à soupe d'huile d'olive. Frottez le pain avec 1 gousse d'ail puis faites-le griller. Préparez les aubergines, posez les petits paquets sur les tranches grillées, parsemez de copeaux de parmesan et de 1 cuillerée à soupe de pignons de pin grillés.

pâtes au saumon et aux légumes

Pour **2 personnes**
Préparation **10 minutes**
Cuisson **30 minutes**

1 **courgette** coupée
  en morceaux
1 **poivron rouge**, épépiné
  et coupé en morceaux
1 **oignon rouge** taillé
  en quartiers minces
2 gousses d'**ail** émincées
2 c. à s. d'**huile d'olive**
150 g de **pâtes**
150 g de **saumon fumé**
6 c. à s. de **crème fraîche
  épaisse**
le **zeste** râpé et le **jus**
  de ½ **citron**
1 c. à s. de **pignons
  de pin** grillés
1 poignée de feuilles
  de **basilic**

Mettez la courgette, le poivron, l'oignon et l'ail dans un plat à gratin. Arrosez d'huile et faites rôtir 25 à 30 minutes dans un four préchauffé à 220 °C jusqu'à ce que les légumes soient fondants et commencent à dorer.

Pendant ce temps, faites cuire les pâtes en suivant les instructions du paquet. Égouttez-les.

Coupez le saumon en petits morceaux puis mélangez-le à la crème, au zeste et au jus de citron, aux pignons et au basilic. Versez cette sauce ainsi que les légumes rôtis sur les pâtes. Remuez et réchauffez le tout à feu doux avant de servir.

Pour des pâtes aux légumes rôtis, au chorizo et à la feta, ajoutez 75 g de rondelles de chorizo aux légumes, à mi-cuisson. Remplacez le saumon par 50 g de feta émiettée. Versez ensuite la préparation à la crème ainsi que les légumes rôtis sur les pâtes. Remuez et réchauffez le tout comme ci-dessus.

poulet à l'estragon

Pour **2 personnes**
Préparation **10 minutes**
  + marinade
Cuisson **1 heure**

2 **blancs de poulet** coupés
  en 8 tranches
4 c. à s. de **jus de citron**
1 gousse d'**ail** pilée
1 poignée d'**estragon** ciselé
25 g de **beurre**
125 g de mélange
  de **champignons**, émincés
200 ml de **crème fraîche**
sel et **poivre**

Pommes de terre au four
3 grosses **pommes de terre**
  non pelées, émincées
1 c. à c. de **thym** ciselé
1 c. à s. d'**huile d'olive**
150 ml de **bouillon**
  de légumes (voir page 94)
5 g de **beurre**

Rangez les lamelles de pommes de terre dans un plat à gratin généreusement beurré. Parsemez de thym ciselé. Mélangez ensemble l'huile d'olive et le bouillon de légumes. Versez ce mélange sur les pommes de terre. Parsemez de petites parcelles de beurre, couvrez avec du papier d'aluminium et faites cuire 1 heure dans un four préchauffé à 160 °C. Retirez le papier d'aluminium à mi-cuisson.

Pendant ce temps, mettez les tranches de poulet dans un plat non métallique. Dans un bol, mélangez le jus de citron, l'ail et l'estragon. Versez ce mélange sur le poulet et laissez mariner 30 minutes.

Faites chauffer le beurre dans une poêle à frire. Faites-y revenir les champignons puis ajoutez le poulet et sa marinade puis faites cuire 3 minutes. Versez la crème fraîche dans la poêle. Salez et poivrez. Laissez mijoter quelques minutes à feu doux jusqu'à ce que le poulet soit cuit. Servez le poulet avec les pommes de terre et des haricots verts cuits à la vapeur.

Pour des pâtes au poulet à l'estragon et champignons, faites cuire 150 g de pâtes dans de l'eau bouillante en suivant les instructions du paquet. Égouttez-les. Coupez le poulet en petits morceaux et faites cuire comme ci-dessus. Mélangez le poulet et les pâtes. Ajoutez 75 g de roquette, remuez et servez.

cailles, pois gourmands et maïs

Pour **2 personnes**
Préparation **10 minutes**
  + marinade
Cuisson **environ 12 minutes**

2 **cailles** partiellement
  désossées
150 g de **pois gourmands**
  coupés en deux
150 g d'**épis de maïs
  miniatures** coupés en deux
1 gousse d'**ail** pilée
1 c. à s. d'**huile végétale**
2 c. à c. d'**huile de sésame**
2 c. à c. de **sauce soja** claire

Marinade
1 petite **échalote** hachée
2,5 cm de **gingembre** frais,
  pelé et râpé
1 c. à s. de **sirop de grenade**
1 c. à s. de **sauce soja**
1 c. à s. de **vinaigre de riz
  complet**
½ c. à s. de **pâte
  de tamarin**
1 c. à c. de **cinq-épices
  en poudre**

Désossez les cailles en retirant l'épine dorsale et le bout des ailes, puis aplatissez-les avec le plat de la main.

Préparez la marinade en mélangeant les ingrédients. Tournez les cailles dans la marinade. Couvrez et placez au réfrigérateur au moins 8 heures, ou plus si possible.

Faites chauffer une poêle à fond épais sur feu moyen. Faites-y cuire les cailles 8 à 10 minutes, en les retournant une fois en cours de cuisson et en les arrosant régulièrement avec la marinade. Lorsqu'elles sont cuites et caramélisées, sortez les cailles de la poêle, emballez-les dans du papier d'aluminium et réservez-les au chaud.

Faites chauffer une poêle antiadhésive à feu vif. Dans un bol, mélangez les pois gourmands et les épis de maïs avec l'ail et l'huile végétale. Versez l'ensemble dans la poêle chaude et faites revenir 2 minutes, en remuant. Remettez les légumes dans le bol, ajoutez l'huile de sésame et la sauce soja. Remuez et servez aussitôt avec les cailles caramélisées.

Pour une salade au tofu et à la grenade,
coupez 200 g de tofu en deux horizontalement. Préparez la marinade. Laissez mariner le tofu 30 minutes au réfrigérateur. Faites chauffer une poêle à feu vif. Faites-y cuire le tofu 2 minutes, en le tournant à mi-cuisson. Préparez les légumes, en ajoutant les graines de 1 grenade en même temps que l'huile de sésame et la sauce soja. .

thon aux tomates et aux fines herbes

Pour **2 personnes**
Préparation **15 minutes**
Cuisson **25 à 35 minutes**

2 **darnes de thon**
de 125 g chacune
1 grosse gousse d'**ail**
coupée en lamelles
2 c. à c. de **graines
de coriandre** légèrement
moulues
2 c. à s. de **menthe** ciselée
+ un peu pour décorer
2 c. à c. de **câpres** égouttées
sel et **poivre**

**Sauce tomate
aux fines herbes**
2 c. à s. d'**huile d'olive**
1 grosse gousse d'**ail**
hachée finement
½ c. à c. de **piment rouge
séché**, émietté (facultatif)
1 c. à c. d'**origan** séché
2 c. à s. de **menthe** hachée
grossièrement
4 c. à s. de **vin blanc sec**
2 grosses **tomates** pelées,
épépinées et hachées
grossièrement

À l'aide d'un couteau tranchant, faites des petites entailles dans les darnes de thon. Insérez un peu d'ail, des graines de coriandre et de la menthe dans chaque fente.

Préparez la sauce tomate aux fines herbes. Faites chauffer un fond d'huile d'olive dans une cocotte. Faites-y revenir l'ail, le piment, l'origan et le reste de graines de coriandre. Faites cuire, en remuant constamment, jusqu'à ce que l'ail soit doré. Ajoutez la menthe, le vin et les tomates puis poursuivez la cuisson 5 à 10 minutes à feu moyen.

Faites chauffer le reste d'huile dans une poêle. Mettez-y le thon, nappez de sauce, puis salez et poivrez. Couvrez et faites cuire 15 à 20 minutes dans un four préchauffé à 220 °C.

Parsemez le thon de menthe ciselée et de câpres. Servez des pommes de terre nouvelles en accompagnement, ainsi que des épinards, des brocolis ou des légumes verts de printemps cuits à la vapeur.

Pour des pâtes au thon, faites cuire 175 g de pâtes dans de l'eau bouillante, en suivant les instructions du paquet. Égouttez-les et transvasez-les dans un plat à gratin. Parfumez et faites cuire le thon ainsi que la sauce tomate aux fines herbes comme ci-dessus. Émiettez le thon. Parsemez-en les pâtes. Nappez de sauce, saupoudrez de 4 cuillerées à soupe de chapelure de pain aux céréales et de 2 cuillerées à soupe de parmesan râpé. Faites dorer 1 à 2 minutes sous le gril d'un four bien chaud.

pad thaï au tofu

Pour **2 personnes**
Préparation **10 minutes**
Cuisson **5 minutes**

2 c. à s. d'**huile végétale**
125 g de **tofu** coupé
  en petits morceaux
2 gousses d'**ail** émincées
1 pincée de **flocons
  de piment séché**
1 botte de **ciboules**
  émincées
50 g de **germes de soja**
125 g de **nouilles de riz
  en rubans**
2 **œufs** battus
3 c. à s. de **nuoc-mâm**
  (facultatif)
le **jus** de 1 **citron vert**
25 g de **cacahuètes** salées
  grillées, hachées
  grossièrement
2 c. à s. de feuilles
  de **coriandre** ciselées

Faites chauffer l'huile dans un wok ou une poêle
à frire. Faites-y revenir les dés de tofu pendant
2 minutes, puis ajoutez l'ail, le piment, les ciboules
et les germes de soja. Poursuivez la cuisson 1 minute.

Faites cuire les nouilles en suivant les instructions
du paquet. Égouttez-les et ajoutez-les dans le wok.
Réchauffez le tout puis ajoutez les œufs, le nuoc-mâm,
si vous en utilisez, et le jus de citron. Poursuivez la
cuisson, en remuant, jusqu'à ce que les œufs soient
cuits. Parsemez de cacahuètes grillées et de coriandre
puis servez.

Pour un pad thaï aux crevettes, faites cuire 125 g
de nouilles en suivant les instructions du paquet. Faites
revenir l'ail, le piment, les ciboules et les germes de
soja, comme ci-dessus. Ajoutez les nouilles égouttées
et 150 g de crevettes cuites décortiquées. Poursuivez
avec les œufs battus, le nuoc-mâm et le jus de citron.
Remuez jusqu'à ce que les œufs soient cuits et servez
aussitôt.

linguine aux noix de Saint-Jacques

Pour **2 personnes**
Préparation **5 minutes**
Cuisson **10 minutes**

150 g de **linguine**
1 c. à s. d'**huile d'olive**
100 g de **pancetta** hachée
1 gousse d'**ail** pilée
1 **piment rouge** haché
  (facultatif)
8 **noix de Saint-Jacques**
  coupées en deux
50 g de feuilles de **roquette**

Faites cuire les linguine en suivant les instructions du paquet. Égouttez-les.

Pendant ce temps, faites chauffer l'huile d'olive dans une poêle à frire. Faites-y cuire la pancetta quelques minutes jusqu'à ce qu'elle commence à dorer. Ajoutez l'ail et le piment, si vous en utilisez, et poursuivez la cuisson 1 minute. Ajoutez les noix de Saint-Jacques et faites cuire encore 1 minute, en les retournant à mi-cuisson.

Mélangez les linguine avec la roquette. Ajoutez les noix de Saint-Jacques et servez aussitôt.

Pour des pâtes à la lotte, faites cuire 150 g de pâtes en suivant les instructions du paquet. Faites revenir la pancetta comme ci-dessus puis ajoutez 1 gousse d'ail pilée et 1 piment rouge épépiné et haché. Coupez 200 g de lotte en morceaux. Ajoutez-les dans la poêle et faites cuire encore 2 minutes jusqu'à ce que le poisson soit cuit. Mettez les pâtes dans la poêle, ajoutez la roquette, mélangez puis servez.

sauté de porc à la méditerranéene

Pour **2 personnes**
Préparation **10 minutes**
Cuisson **1 heure**

1 c. à s. d'**huile d'olive**
250 g de **porc maigre**
coupé en morceaux
1 **oignon rouge** taillé
en minces quartiers
1 gousse d'**ail** pilée
1 **poivron jaune**, épépiné
et coupé en morceaux
8 **cœurs d'artichauts**,
égouttés et coupés
en quatre
200 g de **tomates**
concassées en boîte
1 petit verre de **vin rouge**
50 g d'**olives noires**
le **zeste** râpé de 1 **citron**
1 feuille de **laurier**
1 brin de **thym**
+ quelques feuilles pour
décorer

Faites chauffer l'huile d'olive dans une sauteuse.
Jetez-y les morceaux de porc et faites-les revenir
2 à 3 minutes jusqu'à ce qu'ils soient bien dorés.
Sortez le porc à l'aide d'une écumoire puis réservez.

Mettez l'oignon, l'ail et le poivron jaune dans
la sauteuse puis faites revenir 2 minutes. Remettez
les morceaux de viande dans la sauteuse, ajoutez
les ingrédients restants.

Portez à ébullition, couvrez et laissez mijoter environ
1 heure jusqu'à ce que la viande soit tendre. Décorez
avec un peu de thym et servez avec du pain à l'ail.

Pour un sauté de haricots borlotti, faites cuire
l'oignon, l'ail, le poivron jaune, les cœurs d'artichauts
et les tomates comme ci-dessus. Rincez et égouttez
400 g de haricots borlotti en boîte et versez-les dans
la sauteuse avec le vin, les olives, le zeste de citron,
le laurier et le thym. Portez à ébullition et faites cuire
à feu doux pendant 1 heure. Décorez avec quelques
brins de persil puis servez.

salade de canard à l'orange

Pour **2 personnes**
Préparation **15 minutes**
Cuisson **15 à 20 minutes**

2 petits **magrets de canard**
2 poignées de feuilles
de **roquette** et de **cresson**
2 **oranges**
sel et **poivre**

Sauce
2 c. à s. d'**huile d'olive**
1 c. à s. de **vinaigre
balsamique**
1 gousse d'**ail** pilée
1 pincée de **poudre
de moutarde**
1 bonne pincée de **sucre**

Posez les magrets de canard sur une planche à découper, côté peau vers le bas. Couvrez-les de film alimentaire. Avec un rouleau à pâtisserie, frappez la viande pour l'aplatir légèrement. Ôtez le film alimentaire, tournez les magrets et entaillez la peau à l'aide d'un couteau très tranchant. Frottez la peau avec du sel.

Posez les magrets, côté peau vers le haut, dans un plat à rôtir, sur une grille. Faites cuire 15 à 20 minutes dans un four préchauffé à 200 °C : les magrets doivent être dorés à l'extérieur mais rester légèrement rosés à l'intérieur.

Pelez les oranges à vif et séparez les quartiers au-dessus d'un bol pour en recueillir le jus. Salez, poivrez, et remuez.

Posez les magrets cuits sur une planche à découper. Coupez des tranches fines, en biais. Répartissez la roquette et le cresson sur les assiettes puis posez le canard et les quartiers d'oranges sur la salade. Fouettez les ingrédients de la sauce puis versez-la dessus.

Pour une salade de canard aux nouilles, faites cuire 2 petits magrets de canard puis coupez-les en tranches épaisses. Faites cuire 100 g de nouilles aux œufs. Égouttez-les. Dans un bol, fouettez le jus de 1 orange, 1 cuillerée à café d'huile de sésame et 1 cuillerée à café de miel liquide. Mélangez les nouilles et la sauce. Ajoutez 1 cuillerée à soupe de graines de sésame, 100 g de pois gourmands blanchis, les quartiers de 2 oranges pelées à vif et 2 ciboules émincées. Disposez les tranches de canard sur la salade puis servez.

desserts

pêches au gingembre et crème vanille

Pour **2 personnes**
Préparation **10 minutes**
Cuisson **15 minutes**

2 **pêches** fraîches, coupées
en deux et dénoyautées
1 morceau de **gingembre
confit**, haché finement
2 c. à s. de **sirop
de gingembre**
3 **biscuits au gingembre**
émiettés
25 g de **beurre doux** fondu

Crème à la vanille
4 c. à s. de **crème fraîche**
les **graines** de 1 **gousse
de vanille**
1 c. à s. de **sucre glace**

Disposez les pêches dans un plat à gratin, côté coupé vers le haut. Mélangez ensemble le gingembre, le sirop, les biscuits et le beurre. Versez ce mélange sur les pêches.

Faites cuire 12 à 15 minutes dans un four préchauffé à 200 °C jusqu'à ce que les pêches soient fondantes.

Fouettez la crème fraîche avec les graines de vanille et le sucre glace jusqu'à obtention d'un mélange onctueux. Servez cette crème à la vanille avec les pêches au gingembre.

Pour une variante aux poires, coupez 2 poires en deux et ôtez les trognons. Mélangez ensemble 15 g de beurre fondu, le zeste râpé et le jus de 1 petite orange. Coupez 25 g de pâte d'amandes en quatre. Remplissez les creux laissés par les trognons avec la pâte d'amandes. Arrosez avec le beurre à l'orange et faites cuire 12 à 15 minutes dans un four préchauffé à 200 °C. Parsemez d'amandes effilées grillées et servez de la crème fraîche fouettée en accompagnement.

cheese-cakes vanille rhubarbe

Pour **2 personnes**
Préparation **10 minutes**
  + réfrigération

Fond
3 **biscuits aux flocons
  d'avoine** émiettés
15 g de **beurre doux** fondu
1 c. à s. de **noisettes**
  grillées, hachées

Cheese-cake
100 g de **fromage frais**
4 c. à s. de **mascarpone**
1 c. à s. de **sucre glace**
quelques gouttes d'**extrait
  de vanille**

Rhubarbe
4 bâtons de **rhubarbe**
  coupés en morceaux
2 c. à s. de **sucre
  en poudre**

Préparez les fonds. Mélangez ensemble les biscuits, le beurre et les noisettes. Pressez le mélange dans le fond de 2 grands ramequins ou 2 coupes. Placez 10 minutes au réfrigérateur.

Fouettez ensemble le fromage frais, le mascarpone, le sucre glace et l'extrait de vanille. Versez ce mélange dans les ramequins. Placez 10 minutes au réfrigérateur.

Pendant ce temps, faites chauffer la rhubarbe et le sucre à feu doux jusqu'à ce que la rhubarbe soit fondante. Laissez refroidir, versez sur le fromage et servez.

Pour des cheese-cakes au gingembre et aux framboises, préparez les fonds avec 3 biscuits au gingembre émiettés, 15 g de beurre doux et 1 cuillerée à soupe de noisettes hachées. Préparez le cheese-cake comme ci-dessus, en incorporant 100 g de framboises grossièrement écrasées. Avant de servir, décorez avec quelques framboises entières et 1 cuillerée à soupe de chocolat noir râpé.

pancakes aux poires

Pour **2 personnes**
Préparation **10 minutes**
Cuisson **20 minutes**

25 g de **beurre doux** fondu
25 g de **farine à levure
incorporée**
25 g de **farine complète
à levure incorporée**
15 g de **flocons d'avoine**
½ c. à s. de **sucre
en poudre**
1 **œuf** légèrement battu
150 ml de **babeurre**
lait pour allonger (facultatif)
huile végétale
3 **poires** pelées et coupées
en morceaux
1 pincée de **cannelle**
1 c. à s. d'**eau**

Mélangez ensemble le beurre, les deux farines, les flocons d'avoine, le sucre, l'œuf et le babeurre jusqu'à obtention d'une pâte lisse. Ajoutez un peu de lait si le mélange est trop épais.

Badigeonnez une poêle antiadhésive avec un peu d'huile. Faites chauffer. Versez une petite louche de pâte dans la poêle et faites cuire 2 minutes de chaque côté. Lorsqu'il est doré, retirez le pancake de la poêle et maintenez-le au chaud. Faites cuire le reste de pâte. Vous devez en avoir suffisamment pour 6 pancakes au total.

Pendant ce temps, mettez les poires et la cannelle dans une petite casserole, avec l'eau. Couvrez et faites cuire à feu doux pendant 2 à 3 minutes jusqu'à ce que les fruits soient fondants. Nappez les pancakes de ces poires à la cannelle puis servez.

Pour des pancakes aux mûres et aux amandes,

préparez les crêpes comme ci-dessus. Mettez 150 g de mûres dans une petite casserole avec 1 cuillerée à soupe d'eau et 1 cuillerée à soupe de sucre en poudre. Faites chauffer en remuant constamment jusqu'à ce que les mûres soient fondantes. Versez les mûres sur les crêpes, parsemez de 1 cuillerée à soupe d'amandes effilées grillées puis servez.

figues rôties au miel

Pour **2 personnes**
Préparation **5 minutes**
Cuisson **20 minutes**

6 **figues** fraîches bien mûres
1 c. à s. de **miel** liquide
le **zeste** râpé et le **jus**
   de 1 **orange**
1 pincée de **cannelle**
   en poudre
2 c. à s. de **crème fraîche**
1 c. à s. de **menthe** ciselée

Faites une profonde entaille en forme de croix dans chacune des figues puis placez-les dans un plat à gratin.

Mélangez ensemble le miel, le zeste et le jus d'orange, ainsi que la cannelle. Versez ce mélange sur les figues. Faites cuire environ 20 minutes dans un four préchauffé à 190 °C jusqu'à ce que le sirop bouillonne et que les figues soient moelleuses.

Mélangez la crème fraîche et la menthe. Servez les figues accompagnées de cette crème.

Pour des figues au mascarpone et aux framboises,
faites une profonde entaille en forme de croix dans 6 figues puis placez-les dans un plat à gratin. Mélangez ensemble 2 cuillerées à soupe de mascarpone et 1 cuillerée à soupe de miel liquide. Versez ce mélange sur les figues. Faites chauffer 150 g de framboises avec 1 cuillerée à café de sucre glace à feu doux. Remuez constamment jusqu'à ce que les framboises commencent à ramollir. Servez-les avec les figues.

yaourt au coulis de fruits rouges

Pour **2 personnes**
Préparation **5 minutes**
  + réfrigération
Cuisson **6 minutes**

6 c. à s. de **crème fraîche**
6 c. à s. de **yaourt nature**
75 g de **myrtilles**
75 g de **framboises**
3 c. à s. de **sucre
  en poudre**
2 c. à s. de **cassonade**

Fouettez la crème fraîche et le yaourt jusqu'à obtention d'un mélange onctueux.

Versez les myrtilles, les framboises et le sucre en poudre dans une petite casserole. Faites chauffer 5 à 6 minutes à feu doux jusqu'à ce que les fruits commencent à donner du jus. Mixez les fruits ou passez-les à travers un tamis.

Mélangez le coulis et la crème au yaourt puis répartissez cette préparation dans 2 ramequins ou 2 verres. Saupoudrez de cassonade et placez 15 minutes au réfrigérateur jusqu'à ce que le sucre soit dissous. Servez.

Pour un yaourt au coulis de fruits tropicaux,
mélangez 6 cuillerées à soupe de crème fraîche et 6 cuillerées à soupe de yaourt nature. Mixez ensemble la chair de 1 mangue bien mûre et 1 fruit de la Passion. Mélangez les deux préparations. Saupoudrez de cassonade et laissez reposer 15 minutes au frais comme ci-dessus.

sandwichs de panettone à l'ananas

Pour **2 personnes**
Préparation **4 minutes**
Cuisson **2 à 3 minutes**

4 tranches d'**ananas**
  en boîte, égouttées
4 tranches de **panettone**
50 g de **mini marshmallows**
25 g de **noix de macadamia**
  concassées
2 c. à s. de **sucre vanillé**
sucre glace pour décorer

Épongez les tranches d'ananas avec du papier absorbant puis disposez-les sur 2 tranches de panettone. Répartissez les marshmallows sur l'ananas puis parsemez de noix de macadamia concassées. Saupoudrez de sucre vanillé puis recouvrez avec les 2 autres tranches de panettone.

Faites griller 2 à 3 minutes dans un moule à croque-monsieur, en suivant les instructions du fabricant, jusqu'à ce que le panettone soit doré et les marshmallows commencent à fondre. Coupez chaque sandwich en petits rectangles et saupoudrez de sucre glace. Servez aussitôt.

Pour des sandwichs de panettone à la mangue et aux amandes, remplacez les tranches d'ananas par 4 tranches de mangue. Parsemez de 50 g de minimarshmallows et de 50 g d'amandes effilées. Faites griller comme ci-dessus.

cheese-cake au chocolat

Pour **2 personnes**
Préparation **10 minutes**
  + refroidissement
Cuisson **45 minutes**

25 g de **beurre doux** fondu
75 g de **macarons** émiettés
150 g de **fromage frais**
25 g de **sucre en poudre**
50 g de **mascarpone**
50 g de **chocolat noir** fondu
1 **œuf**
1 **jaune d'œuf**

Pour décorer
crème fraîche
copeaux de chocolat

Faites fondre le beurre dans une casserole. Ajoutez les macarons émiettés et remuez soigneusement. Répartissez la préparation dans 2 petits moules de 10 cm de diamètre et tassez-la avec le plat de la main.

Mettez le fromage frais, le sucre, le mascarpone et le chocolat dans une petite casserole. Faites chauffer à feu doux, en remuant constamment, jusqu'à obtention d'un mélange lisse.

Retirez la casserole du feu et laissez refroidir. Incorporez l'œuf entier et le jaune d'œuf.

Répartissez le mélange dans les moules. Posez les moules sur une plaque de cuisson et faites cuire 45 minutes dans un four préchauffé à 180 °C. Sortez les moules du four et laissez refroidir complètement avant de les placer au réfrigérateur. Laissez-les au frais jusqu'au dernier moment. Avant de servir, décorez avec une cuillerée de crème fraîche et des copeaux de chocolat.

Pour un cheese-cake au chocolat blanc et à la framboise, préparez le fond comme ci-dessus. Mélangez ensuite le fromage frais avec le sucre en poudre et le mascarpone, mais remplacez le chocolat noir par 50 g de chocolat blanc fondu. Laissez refroidir avant d'incorporer l'œuf entier et le jaune d'œuf, ainsi que 50 g de framboises. Faites cuire au four comme ci-dessus.

riz crémeux à l'italienne

Pour **2 personnes**
Préparation **10 minutes**
  + infusion
Cuisson **25 minutes**

25 g de **raisins secs**
2 c. à s. de **marsala**
1 **gousse de vanille**
300 ml de **lait**
1 à 2 c. à s. de **sucre
  en poudre**
le **zeste** finement râpé
  de ½ **orange** + quelques
  filaments pour décorer
¼ de c. à c. de **cannelle**
  en poudre
50 g de **riz à risotto**
50 ml de **crème fraîche**
quelques **amandes** effilées
  grillées, pour décorer

Mettez les raisins secs et le marsala dans un bol. Laissez imbiber.

À l'aide d'un petit couteau tranchant, fendez la gousse de vanille en deux. Mettez-la dans une cocotte à fond épais, versez le lait et faites chauffer. Aux premiers bouillons, retirez la casserole du feu et laissez infuser 20 minutes.

Ajoutez le sucre, le zeste d'orange et la cannelle dans la cocotte. Remettez sur le feu. Versez le riz et faites cuire à feu très doux, en remuant fréquemment, pendant environ 15 minutes jusqu'à ce que le mélange devienne épais et crémeux et que le riz soit fondant.

Ajoutez les raisins et la crème fraîche puis faites chauffer encore 2 minutes. Décorez avec quelques amandes effilées grillées et des filaments d'orange. Servez sans attendre que le riz refroidisse.

Pour un riz façon crème brûlée, versez le riz cuit comme ci-dessus dans 2 ramequins ou 2 petits moules. Saupoudrez de 1 cuillerée à soupe de cassonade et faites dorer sous le gril d'un four bien chaud jusqu'à ce que le sucre soit dissous et bouillonne. Laissez durcir le sucre puis servez.

compote de fruits secs et toasts

Pour **2 personnes**
Préparation **5 minutes**
  + infusion
Cuisson **5 minutes**

Compote
150 g de mélange de **fruits
  secs** (abricots, figues et
  pruneaux, par exemple)
150 ml de **jus de pomme**
150 ml de **thé noir corsé**
1 **étoile d'anis**
1 bâton de **cannelle**

Toasts
15 g de **beurre doux**
1 bonne pincée de **cannelle**
  en poudre
2 tranches de **pain aux noix**
1 c. à s. de **sucre
  en poudre**

Mettez les fruits secs, le jus de pomme, le thé, l'anis étoilé et le bâton de cannelle dans une petite casserole. Portez à ébullition puis retirez du feu et laissez reposer 20 minutes.

Mélangez le beurre et la cannelle. Étalez la moitié de ce mélange sur les tranches de pain. Saupoudrez de ½ cuillerée à soupe de sucre. Posez les tranches sur une plaque de cuisson recouverte de papier d'aluminium et faites dorer 1 ou 2 minutes sous le gril d'un four bien chaud. Tournez les tranches et répétez l'opération.

Servez ces toasts avec la compote froide et une boule de glace à la vanille.

Pour des toasts aux noix et compote de fruits rouges, mettez 250 g de mélange de fruits rouges surgelés dans une casserole avec 1 cuillerée à soupe de sucre glace et, éventuellement, un filet de crème de cassis. Faites chauffer à feu moyen jusqu'à ce que les fruits soient dégelés et qu'ils commencent à donner du jus. Préparez les toasts comme ci-dessus. Nappez les toasts de fruits rouges et servez avec de la glace à la vanille.

clafoutis aux cerises

Pour **2 personnes**
Préparation **5 minutes**
Cuisson **30 minutes**

250 g de **cerises**
  dénoyautées
200 ml de **lait entier**
3 c. à s. de **crème liquide**
quelques gouttes d'**extrait
  de vanille**
2 **œufs**
50 g de **sucre en poudre**
25 g de **farine ordinaire**
1 c. à s. d'**amandes**
  blanchies, hachées
  grossièrement
sucre glace pour décorer

Beurrez un moule de taille moyenne. Versez-y
les cerises. Dans une petite casserole, faites chauffer
le lait avec la crème liquide et l'extrait de vanille.

Fouettez ensemble les œufs et le sucre jusqu'à
obtention d'un mélange mousseux. Incorporez la farine
puis le lait chaud en filet. Nappez les cerises de cette
préparation. Parsemez d'amandes.

Faites cuire 25 à 30 minutes dans un four préchauffé
à 190 °C jusqu'à ce que le clafoutis soit gonflé et doré.
Saupoudrez de sucre glace. Servez éventuellement
de la crème fraîche en accompagnement.

Pour un clafoutis aux prunes, coupez 4 prunes
mûres en deux puis dénoyautez-les. Disposez-les dans
un plat à gratin. Préparez la pâte comme ci-dessus
puis nappez-en les prunes. Faites cuire 25 à 30 minutes
dans un four préchauffé à 190 °C. Servez ce clafoutis
avec de la glace à la vanille.

mousse chocolat orange

Pour **2 personnes**
Préparation **10 minutes**
  + réfrigération

75 g de **chocolat noir**
le **zeste** râpé et le **jus**
  de ½ **orange** + quelques
  filaments pour décorer
2 c. à s. de **crème fraîche**
1 **œuf**, blanc
  et jaune séparés
1 c. à s. de **sucre
  en poudre**

Faites fondre le chocolat au bain-marie avec le jus et le zeste d'orange ainsi que la crème fraîche. Quand le chocolat est fondu, laissez refroidir puis incorporez le jaune d'œuf avec un fouet.

Pendant ce temps, montez le blanc d'œuf en neige souple. Sans cesser de battre, ajoutez le sucre jusqu'à obtention d'une neige ferme.

Incorporez délicatement le blanc battu à la préparation au chocolat. Répartissez la mousse dans 2 verres ou 2 ramequins. Placez environ 1 heure au réfrigérateur. Avant de servir, décorez avec quelques filaments de zeste d'orange.

Pour une mousse chocolat menthe, faites fondre 75 g de chocolat avec 6 After Eight et 2 cuillerées à soupe de crème fraîche. Poursuivez comme ci-dessus puis répartissez la mousse dans 2 verres.

bananes caramélisées et crème vanille

Pour **2 personnes**
Préparation **5 minutes**
Cuisson **5 minutes**

25 g de **beurre doux**
2 c. à s. de **cassonade**
2 grosses **bananes** coupées
en tranches
8 c. à s. de **crème fraîche**
1 c. à c. de **rhum**

Crème vanille
4 c. à s. de **crème fraîche**
quelques gouttes d'**extrait
de vanille**

Faites chauffer le beurre et la cassonade dans une poêle antiadhésive. Quand la cassonade est dissoute, ajoutez les bananes et faites chauffer, en remuant, pendant 1 à 2 minutes jusqu'à ce que les tranches de bananes soient fondantes. Ajoutez la crème fraîche et le rhum. Réchauffez le tout.

Préparez la crème vanille en fouettant la crème fraîche avec l'extrait de vanille jusqu'à obtention d'un mélange onctueux. Servez cette crème fouettée avec les bananes caramélisées. Arrosez éventuellement d'un filet de sauce caramel.

Pour des ananas caramélisés, faites fondre 25 g de beurre doux avec 2 cuillerées à soupe de sucre roux. Quand le sucre est dissous, ajoutez 2 épaisses tranches d'ananas frais (sans la peau ni la partie centrale dure) et faites cuire 2 à 3 minutes, en tournant les tranches une fois en cours de cuisson. Ajoutez 2 cuillerées à soupe de crème fraîche liquide et 1 cuillerée à café de rhum. Servez ces tranches d'ananas avec de la crème fouettée à la vanille ou de la glace.

crème à la lavande

Pour **2 personnes**
Préparation **15 minutes**
  + infusion

1 c. à s. de **sucre
  en poudre**
12 **fleurs de lavande**
  ou quelques gouttes
  d'extrait alimentaire
100 ml de **vin blanc
  demi-sec**
150 ml de **crème fraîche**

Faites chauffer le sucre, la lavande et le vin à feu doux, dans une petite casserole. Quand le sucre est dissous, laissez reposer 10 minutes pour que le parfum se développe.

Filtrez la préparation. Ajoutez la crème fraîche et fouettez jusqu'à obtention d'un mélange onctueux. Répartissez la crème dans 2 verres et placez au réfrigérateur jusqu'au moment de servir.

Pour une crème à l'orange, mettez 1 cuillerée à soupe de sucre en poudre dans une petite casserole avec le zeste râpé et le jus de 1 orange, et 100 ml de vin blanc. Faites chauffer à feu doux jusqu'à ce que le sucre soit dissous. Procédez ensuite comme ci-dessus.

prunes au vin

Pour **2 personnes**
Préparation **5 minutes**
Cuisson **10 minutes**

300 ml de **vin blanc**
125 g de **sucre en poudre**
le **zeste** râpé et le **jus**
  de 1 **orange**
1 **étoile d'anis**
2 gousses de **cardamome**
6 **prunes** fraîches
1 c. à s. de **pistaches**
  hachées

Versez le vin dans une cocotte de taille moyenne avec le sucre, le zeste et le jus d'orange, l'anis étoilé et les gousses de cardamome. Faites chauffer à feu doux jusqu'à ce que le sucre soit dissous.

Ajoutez les prunes dans la cocotte et laissez frémir 5 à 8 minutes jusqu'à ce que les fruits soient fondants. Sortez les prunes de la cocotte et répartissez-les dans 2 ramequins.

Faites réduire la sauce au vin jusqu'à ce qu'elle ait la consistance d'un sirop. Versez la sauce sur les prunes puis parsemez de pistaches hachées. Servez éventuellement de la crème fraîche ou de la glace en accompagnement.

Pour des poires au vin, faites chauffer 300 ml de vin rouge avec le sucre, le zeste et le jus d'orange, l'anis étoilé et les gousses de cardamome. Pelez 2 poires puis posez-les dans la cocotte. Laissez frémir 10 minutes. Posez les poires sur 2 assiettes à dessert puis faites réduire la sauce. Versez le sirop sur les poires, parsemez de 1 cuillerée à soupe d'amandes effilées grillées et servez avec de la crème fraîche.

glace vanille, fruits rouges, pécan

Pour **2 personnes**
Préparation **20 minutes**
Cuisson **5 minutes**

50 g de **noix de pécan**
2 c. à s. de **sucre en poudre**
5 g de **beurre doux**
250 g de mélange de **fruits
rouges** (mûres, framboises
et fraises, par exemple)

Glace à la vanille
1 **gousse de vanille**
300 ml de **crème fraîche**
1 c. à s. de **sucre
en poudre**
2 **jaunes d'œufs**

Préparez la glace. Fendez la gousse de vanille en deux.
Grattez les petites graines. Mettez les graines dans une
casserole de taille moyenne avec la crème et le sucre.
Faites chauffer jusqu'à ce que le sucre soit dissous.

Fouettez les jaunes d'œufs dans un bol. Sans cesser
de fouetter, verser la préparation à la vanille dans
le bol. Reversez le tout dans la casserole et faites
chauffer à feu doux jusqu'à ce que la préparation
épaississe, sans bouillir.

Mettez les noix de pécan, le sucre et le beurre dans
une petite casserole. Faites cuire 1 à 2 minutes, en
remuant, jusqu'à ce que le sucre caramélise. Hors du
feu, ajoutez les fruits rouges puis versez le mélange sur
un morceau de papier sulfurisé. Après refroidissement,
cassez la plaque en morceaux à l'aide d'un rouleau
à pâtisserie. Servez la glace avec les fruits rouges
et les noix de pécan caramélisées.

Pour une glace aux noix de pécan caramélisées,
préparez le caramel aux noix de pécan comme
ci-dessus. Mélangez ensemble 300 ml de crème
pâtissière, 4 cuillerées à soupe de crème fraîche
fouettée et quelques gouttes d'extrait de vanille.
Mélangez cette crème avec les morceaux de caramel
émietté. Versez le tout dans un récipient et faites
prendre au congélateur.

meringues chocolat noisettes

Pour **2 personnes**
Préparation **10 minutes**
Cuisson **1 heure**
  + refroidissement

Meringues
2 **blancs d'œufs**
100 g de **sucre en poudre**
50 g de **noisettes** grillées,
  hachées
50 g de **chocolat noir** râpé
  grossièrement

Garniture
100 ml de **crème fraîche**
1 c. à s. de **sucre**
  en poudre

Montez les blancs d'œufs en neige souple dans un saladier parfaitement propre. Incorporez progressivement le sucre, 1 cuillerée à soupe à la fois. Ajoutez la moitié des noisettes et la moitié du chocolat.

Déposez 8 cuillerées à soupe de pâte sur une plaque de cuisson recouverte de papier sulfurisé. Répartissez le reste de noisettes sur les meringues. Faites cuire environ 1 heure dans un four préchauffé à 140 °C. Laissez les meringues refroidir dans le four éteint.

Fouettez la crème fraîche avec le sucre jusqu'à obtention d'un mélange onctueux. Faites fondre le reste de chocolat râpé puis incorporez-le à la crème pour créer un effet marbré. Assemblez les meringues deux par deux avec la crème chocolatée. Servez.

Pour des meringues aux myrtilles et aux framboises, confectionnez un grand nid avec les ingrédients de la meringue ci-dessus. Faites cuire et laissez refroidir. Remplissez le « nid » avec la crème marbrée. Parsemez de 200 g de myrtilles et framboises fraîches. Avant de servir, saupoudrez de sucre glace et de cacao en poudre.

granité aux fruits d'été

Pour **2 personnes**
Préparation **5 minutes**

environ 375 g de **fruits
rouges** (fraises, framboises,
groseilles et mûres, par
exemple) + quelques baies
pour décorer
environ 5 c. à s. de **sirop
de vanille** + un filet
pour servir (facultatif)
glace pilée

Équeutez les fraises si vous en utilisez. Mixez les fruits dans un robot jusqu'à obtention d'un mélange parfaitement lisse. Filtrez la purée de fruits dans une passoire non métallique. Ajoutez le sirop de vanille.

Remplissez 2 grands verres étroits avec de la glace pilée. Versez la purée de fruits sur la glace pilée.

Décorez avec quelques fruits. Proposez du sirop de vanille à part et servez avec des petites cuillères à long manche.

Pour un granité aux fruits tropicaux, remplacez les fruits rouges par environ 450 g de fruits tropicaux (mangue, kiwis et ananas, par exemple). Poursuivez en suivant la recette.

annexe

table des recettes

brunchs

repas légers

dîners rapides

occasions spéciales

desserts

Les nouveautés :

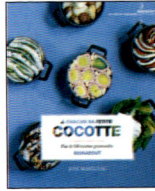

Découvrez toute la collection :

entre amis

À chacun sa
petite cocotte

Apéros

Brunchs et petits
dîners pour toi & moi

Chocolat

Cocktails glamour
& chic

Cupcakes colorés
à croquer

Desserts trop bons

Grillades & Barbecue

Verrines

cuisine du monde

200 bons petits
plats italiens

Curry

Pastillas, couscous,
tajines

Spécial thaï

Wok

tous les jours

200 plats pour changer
du quotidien

200 recettes pour
étudiants

Cuisine du marché à
moins de 5 euros

Les 200 plats
préférés des enfants

Mon pain

Pasta

Pâtisserie facile

Petits gâteaux

Préparer et cuisiner
à l'avance

Recettes faciles

Recettes pour bébé

Risotto et autres façons
de cuisiner le riz

Spécial Débutants

Spécial Poulet

bien-être

5 fruits & légumes
par jour

21 menus minceur
pour perdre du poids

21 menus minceur
pour garder la ligne

200 recettes vitaminées
au mijoteur

Papillotes, la cuisine
vapeur qui a du goût

Petits plats minceur

Poissons & crustacés

Recettes vapeur

Salades

Smoothies et petits jus
frais & sains

Soupes pour tous
les goûts

**SIMPLE
PRATIQUE
BON**

**POUR CHAQUE RECETTE,
UNE VARIANTE
EST PROPOSÉE.**

MARABOUT
LES PETITS COSTAUDS CÔTÉ CUISINE